'모바일 신언서판(身言書判)'이라는 말 들어봤어? 신언서판은 중국 당나라 때 관리를 등용하는 시험에서 평가의 기준으로 삼았던 네 가지(몸가짐(身), 말씨(言), 글씨(書), 판단력(判))를 의미하는 말인데, 당시에는 이를 모두 갖춘 사람을 최고의 인재로 여겼다고 해. 모바일 신언서판은 소셜미디어에서의 태도(읽기)나 통화 습관(말하기와 듣기), 문자 대화(쓰기) 등의 매너가 좋은 사람이 긍정적인 평판과 이미지를 얻게 된다는 것을 의미하는 말이지.

우리는 말하고 듣고 읽고 쓰는 것, 즉 문해력을 생활 지능의 영역으로만 생각해왔는데, 미래에는 문해력이 학습의 기본이 될 뿐만 아니라 신언서판처럼 인재의 조건이 될지도 모르며 나아가 전반적인 인간의 생활과 사고방식을 좌우하게 될 거라고 예측하기도 해. 한마디로 휴머노이드와 함께 살아갈 세상에서 로봇과 인간의 경계를 가를 아주 중요한 경쟁력, 즉 미래 사회의 능력과 스펙을 문해력에서 고스란히 보게 된다는 말이지.

문해력에 대한 오해

그렇다면 문해력이 현재에도, 그리고 앞으로도 꽤 중요한 능력이 될 것이라는 이야기인데 너희들은 문해력을 어떻게 생각하고 있을까? 대부분은 단순히 '독서의 능력'과 연결해 생각하고 있어. 나는 독서에 흥미가 없고 책만 펴면 잠이 오니까 문해력이 낮은 게 당연하다고 생각하기도 하고, 문해력과 국어 성적을 연관 지어서 '국어 성적 바꾸는 일은 다시 태어나야 가능한 것'이라고 우스갯소리를 하기도 하지. 더 큰 문제는 문해력이 처참한 수준에 이른 현실 앞에서 '굳이 어려운 표현을 쓰면서 문해력 수준을 지적한다'고 오히려 비난하거나, 자신들의 화법 자체를 쿨하거나 트렌디하다고 착각한다는 거지. '의미만 통하면 되잖아요!'라고 반박하곤 하지만, 문제는 의미도 통하지 않는 수준에 이르렀다는 거야.

Q. 흔히 상대방을 위로할 때 '심심한 위로를 전합니다'라는 표현을 쓰는데요, 여기서 '심심한'은 무슨 뜻일까요?

1. 마음이 마음에게 건네는
2. 마음이 어찌할 바를 모르는
3. 마음이 매우 깊고 간절한
4. 마음의 중심을 잡고

두 MC가 일반인을 찾아가 담소를 나누고 퀴즈를 내는 프로그램에서 이런 문제가 나온 적이 있어. 보통 우리가 알고 있는 '심심하다'라는 말은 '일상에서 주로 하는 일이 없어서 지루하고 재미가 없다'라는 뜻으로 쓰이지. 그래서 이 문제가 나왔을 때 많은 사람들이 '조금 이상한 문제네'라는 반응을 보였다고 해. 자신들이 생각하는 답이 없었거든. '심심(甚深)하다'가 '마음의 표현 정도가 매우 깊고 간절하다'라는 뜻을 지닌 걸 모르는 사람이 많았던 거지.

이 단어가 얼마 전 SNS에서 다시 문제로 떠올랐어. 어느 웹툰 작가의 사인회를 담당한 업체가 진행상의 문제로 피해를 본 고객이 생겨나자 이에 대한 사과의 입장문을 게시했거든. '예약 과정 중 불편을 끼쳐드린 점, 다시 한번 심심한 사과 말씀 드립니다'라고. 그런데 이를 접한 사람들이 폭발한 거야. '심심한 사과'라는 표현을 문제 삼으면서 말이지. 도대체 이걸 사과라고 하느냐, 누굴 놀리는 거냐와 같은 반응을 보인 거야. 이를 지켜보던 누리꾼들은 당황했어. 실질 문맹률이 심각하다는 사실을 체감한 거지. 물론 온라인에서 벌어진 문해력 논란이 이번이 처음은 아니라는 것쯤은 다들 알고 있을 거야. 각종 축약어와 신조어를 빈번히 사용하고 책보다 스마트폰을 기반으로 한 짧은 글에 익숙해지다보니, 문해력이 심각한 수준까지 내려가고 있지. 그런데 이 상황을 그저 어쩔 수 없는 현실로만 치부해도 되는 걸까?

읽으면 문해력이 좋아지는 책?

하지만 정말 다행인 점 중 하나는 이런 질문을 자주 받는다는 거야.

"선생님, 읽으면 문해력이 좋아지는, 그런 책 어디 없나요?"

'한 번 읽으면 수학 문제가 술술 풀리는, 그런 책 없나요?'와 동급의 우문(愚問)으로 들리기도 했지만, 한편으로는 자기 문해력의 현주소를 파악하고 이를 개선하고 싶은 학생들이 많다는 데에 안도했던 기억이 나. 문해력이 중요하다는 사실은 누구나 어느 정도는 알고 있어. 성적과도 관련되어 있다고 주위에서 말하기도 하고, 매스컴에서 문해력의 중요성에 대해 차고 넘치도록 이야기하고 있거든. 하지만 어떻게 해야 지금의 심각한 문해력 수준에서 벗어날 수 있는지에 대해서는 잘 몰라. 단순히 '책을 읽으면 가능할까?'라고 생각하는 정도지. 도서관 서가에서 서성대다 머뭇거리며 어렵게 이야기를 꺼낸 학생들에게 어떤 말을 해주면 좋을까 고민했어. 그리고 이렇게 입을 열었지.

"안타깝게도 읽으면 단숨에 문해력이 좋아지는 마법 같은 책은 없어. 문해력은 읽기에서부터 쓰기, 말하기에서 듣기까지 모든 영역을 아우르고 있기 때문에, 단순히 어떤 책 몇 권을 읽는다고 해서 단숨에 높일 수 있는 것은 아니거든. 다만 문해력을 높이고 싶다는 마음을 가지고 지금 이렇게 묻고 있는 자체가 너의 문해력을 한껏 끌어올릴 수 있는 긍정적인 시그널이라고 생각해."

그렇게 문해력에 대한 나의 이야기가 시작되었어. 이 책은 그런 질문을 던지는 친구들의 물음에 대한 답이라고 생각해.

문해력을 완성시킬 수 있는 완벽한 방법

이 책은 총 4장으로 구성돼 있어. 1장에서는 도대체 문해력이 무엇인지, 우리의 문해력 상태는 어떤지, 문해력을 어디에 쓸 수 있는 건지에 대한 이야기부터 시작해. 그리고 2장에서는 우리의 평생 숙제와 같은 '읽기'에 대한 전반적인 조언을 담았어. 읽기는 문해력에서 가장 기본이자 핵심이 되는 영역이기도 한데, 많은 사람들의 독서 방식에 대한 문제가 꽤 오랫동안 방치되어왔다고 생각했거든. 그래서 어떤 책을 읽어야 하는지, 다독과 정독 사이에서 어떤 길을 걸어가야 하는지, 책을 읽을 때에는 어떤 기술이 필요한지 등과 같이 독서의 실전 팁들을 담았지.

책을 읽었으면 그다음은 뭐다? 맞아! 머릿속에 받아들인 생각이나 지식을 잘 정리해야 해. 그래서 3장에서는 쓰기의 기술에 대한 이야기를 꺼냈어. 초등학교 때 독후감부터 시작해서 자기소개서, 논술, 편지, 제안서, 각종 성덕 이벤트 응모 등 우리는 평생 쓰기와 떼려야 뗄 수 없는 관계를 맺고 있거든. 다양한 방식의 글을 어떻게 쓰면 좋을지 글쓰기의 기본에 대한 이야기부터 글감을 찾는 방법, 필사한 글을 MSG 삼아 좀 있어

보이는 글을 쓰는 방법 등 꿀팁들을 늘어놓았지. 살아 있는 생활의 지혜를 얻게 될 거야. 마지막 4장에서는 문해력을 완성시킬 수 있는 듣기와 말하기에 대한 이야기를 풀어보았어. 일반적인 소통에서 관계의 변화까지 이끌어낼 수 있다는 경청의 팁, 독서 모임을 통해 자신의 생각을 정리하여 말하고 다른 사람의 생각을 틀림이 아닌 다름으로 유연하게 받아들이며 독선에 빠지지 않는 어른으로 성장하는 방법에 대해서 말이야.

누구나 쉽고 재미있게 문해력을 받아들이게 하는 것이 이 책의 첫 번째 목표였고, 너희들에게 '나도 할 수 있겠구나!' 하는 희망을 주는 게 두 번째 목표였어. 아마 이 책을 완독할 때쯤이면 '문해력 별거 아니잖아. 해볼 만한데?'라는 마음이 들 거야. 문해력을 높이는 노력은 단 한 권의 마법 같은 책이 아니라, 그 마음에서부터 시작하면 돼.

"전 어차피 글렀어요."

"책이랑 저는 잘 안 맞아요."

'이생망'이라고 좌절하고 벌써부터 포기해버린 친구들에게 기회가 되고 희망을 주는 책이 되길 바라. 지금 당장은 막막해 보이더라도 책에서 이야기하는 것들을 하나씩 차근차근 도전해보면 좋겠어. 물론 시도하고 노력한다고 해서 바로 그 성과가 나타나는 것은 아니지만, 천천히 조금씩 나를 알아가면서 내 페이스에 맞춰 문해력을 높이기 위한 방향키를 잡아본다면 꾸준히 성장하고 있는 나의 모습을 확인할 수 있을 거야. 그리고 혹시나 하는 마음에 던지는 잔소리인데 '쪼렙'이 고수가 되려면 시간과 노력의 투자는 필수라는 거 알고 있겠지? 문해력 높이기를 내가 좋아하는 게임이라 생각하면서 열심히 달려보자고. 온전히 내 스타일대로, 즐겁게, 내 속도에 맞춰서, 할 수 있다는 마음가짐으로!

3장 쓰기, 글잘러가 되면 행복하다고?

4장 잘 듣고 잘 말하기, 인싸의 모든 비결

1장
문해력 vs 무뇌력,
그것이 문제로다

1. 사흘, 3일일까? 4일일까?

2020년 8월 17일이 임시 공휴일로 지정되면서 '사흘'이라는 단어가 포털 사이트 실시간 검색어 1위에 올랐어. 8월 15일부터 17일까지 3일간 연휴가 주어진다는 뉴스가 발단이었지. 많은 기사에서 이를 '사흘 연휴'라고 표기했는데 일부 네티즌들이 '3일인데 왜 사흘이라고 쓰냐'라고 지적했어. 3일을 의미하는 순우리말인 '사흘'을 몰라서 4일로 잘못 이해한 사람들이 많았던 거지. 3일은 사흘이고 4일은 나흘이지만, 사흘이 4일과 음이 비슷하다보니 '사흘이 4일인 게 맞지 않냐'는 주장까지 나왔어.

'저 사실 0개 국어 합니다'

'문해력'이라는 단어가 수면 위로 올라오지 않았던 몇 년 전까지만 해도 우리가 책이나 글을 읽는 일과 관련해 쓰던 단어는 '독해력'뿐이었어. '표준국어대사전'에 따르면 독해력은 '글을 읽고 뜻을 이해하는 능력'을 말하는데, 즉 글의 핵심 내용이 무엇인지를 파악하는 능력이지. 예전에는 독해만 잘해도 시험에서 좋은 점수를 받는 친구들이 많았기 때문에 크게 문제가 되지 않았어. 하지만 대학수학능력시험에서 출제되는 국어 영역의 지문이 길어지고, 단순한 독해를 넘어 제시문에서 명확한 근거를 찾아야 정답을 고를 수 있도록 문제 패턴이 바뀌었지. 그러자 많은 학생들이 국어 영역에서 고전을 면치 못하게 되었고, 결국 '학습 방법에 문제가 있다'는 진단이 나오기 시작했어. 이제 수학보다 국어가 성적을 좌우한다는 이야기가 있을 정도야.

2021년에 출제된 수능 국어 영역의 문제만 해도 그래. 전문가들은 정보량이 많지 않은 지문이라 어렵지 않게 이해할 수 있다고 생각했어. 그런데 수험생들이 체감한 난이도는 '불수능'을 넘어서 '용암수능'이라는 말이 나올 정도였어. 한 수험생은 수능 국어 영역의 문제를 풀면서 지문이 무슨 말인지조차 이해할 수 없었다며 '국적을 잃었다', '나는 0개 국어를 한다'는 우스갯소리도 했지. 이제 수능 국어 영역에서는 단순히 읽기를 넘어서서 맥락을 이해하고 판단하는 능력이 중요한데, 영상이나 자막으로 주어지는 짧은 텍스트에 길들여지면서 어휘력이 떨어진 학생들은 긴 글뿐 아니라 짧은 글조차도 읽기 힘들어하는 상황에 봉착했어.

사실 문해력이랑 독해력은 사전적 의미가 크게 다르지 않아. '표준국어대사전'에서는 문해력을 '글을 읽고 이해하는 능력'이라고 풀이하거든. 그런데 왜 이제 독해력보다 문해력이 더 중요해진 걸까? 두 능력의 사전적 풀이는 비슷하지만, 실제 의미는 많이 다르기 때문이야. 독해력은 글을 읽어서 '그 뜻'을 이해하는 능력인 반면, 문해력은 여기서 더 나아가 글을 읽고 '그 글과 관련된 사회문화적인 맥락'까지도 이해하는 능력이거든. 즉 문해력은 글을 읽고 파악하는 능력인 동시에, 더 나아가 그 글과 얽힌 세상과 사람까지 이해하는 능력이라고 할 수 있지.

실질적 문맹이 넘쳐나는 시대

코로나19 상황도 우리의 문해력을 다시 생각하게 만들었어. 온라인으로 비대면 수업이 이루어지면서 학교에서는 각종 공지사항을 가정통신문, 단톡방 메시지 등을 통해 전달했지. 그런데 학생들이 그 내용을 잘 읽지 않거나, 읽어도 이해를 하지 못해 공지사항이 제대로 전달되지 않은 경우가 많았던 거야. 학생들이 '금일(今日)'을 '금요일'로 알거나 '고지식'이란 말을 '높은(高) 지식'으로 이해하는 등 단어의 뜻을 몰라 문제가 발생하는 일도 비일비재해. 교과서를 올바르게 읽지 못해 학업이 힘들어지고, 시험 문제가 의미하는 바를 파악하지 못해서 문제를 제대로 풀지 못하는 거지.

실제로 만 15세 학생들을 대상으로 진행하는 국제학업성취도평가(PISA)의 읽기 영역에서 우리나라는 2006년 세계 1위를 차지했는데, 그 후 12년 동안 6~11위 구간으로 떨어졌어. 언론 보도에 따르면, 현재 교과서 내용을 이해할 수 없을 만큼 문해력 수준이 낮은 학생들이 전체의 32.9%에 달한다고 해. 청주교대 문해력지원센터장을 맡고 있는 엄훈 교수는 현재 초등학교 입학생 기준으로 전체의 20%가 문해력이 낮다고 진단하기도 했어.

이 상황은 비단 학생들만의 문제는 아니야. 전 국민의 75% 이상이 일상적인 문서를 해석하는 능력이 떨어진다는 발표가 나왔거든. 그 수준이 어느 정도냐면, 새로운 직업에 필요한 정보나 기술을 익힐 수 없을 정도라고 해. 의약품 설명서의 내용을 이해하지 못하는 '문해가 매우 취약한 수준'의 비율 역시 우리나라는 무려 38%로, 경제협력개발기구(OECD) 국가 가운데 하위권이라는 조사 결과도 있어. 다른 나라는 이 비율이 어떤지 살펴보면, 미국은 23.7%, 핀란드는 12.6%, 스웨덴은 6.2%라고 해.

우리나라의 '기본 문맹률'은 1% 정도로 최하위권이거든. 그런데 '실질 문맹률'은 굉장히 높은 아이러니한 상황이 벌어진 거지. 즉 글을 읽고 쓸 줄 아는 사람은 많지만, 정작 글의 뜻을 제대로 이해하는 사람은 적은 것이 우리의 현실이라고 할 수 있어. 상황이 이렇다보니 사람들은 자신의 문해력에 문제가 있다고 진단하게 되었고, 매스컴에서도 여러 통계를 앞세우며 문해력 문제가 심각한 수준에 이르렀음을 시사했어. 그렇게 문해력은 사회적인 이슈가 될 수밖에 없었지.

유네스코는 문해력을 '다양한 내용에 대한 글과 출판물을 사용하여 정의, 이해, 해석, 창작, 의사소통, 계산 등을 할 수 있는 능력'이라고 정의했어. 다시 말해 문해력은 단지 독해에 머무르지 않고, 내가 읽은 내용을 다른 것과 연계하여 이해하고 또 이를 실생활에 활용하면서 새로운 것을 창조해내는 능력을 이야기해. 단순히 읽기를 넘어서 쓰기와 말하기, 생각하고 창조하기까지 모두 포함한다고 볼 수 있는 거지. 그리고 앞서 말했듯 문해력은 글의 의미뿐 아니라 글과 관계된 사회문화적인 맥락까지 이해하는 능력이라는 점에서, 굉장히 고차원적인 능력이라고 할 수 있어.

글을 읽고 어떤 뜻인지 추론할 수 있는 독해력은, 자신이 파악한 내용을 활용하는 좀더 높은 수준의 역량을 요구하는 문해력 안에 포함되는 능력인 셈이야. 한마디로 문해력은 글을 읽고 이해하며, 읽은 것을 다른 것에 연계시키고, 해당 정보가 중요한지 아닌지 판단하며, 그 정보들을 연결해 시공간을 종단하면서 자신의 아이디어로 만드는 능력이라고 생각하면 돼. 마치 종합선물세트 같은 느낌이지? 생각해보면 크게 어려운 능력도 아닌 것 같아. 결국은 '읽기-이해하기-생각하기-창조하기'로 간단히 정리되잖아. 그런데 왜 우리는 간단한 설명서조차도 이해하지 못해서 의자 조립에 수 시간씩 걸리고, 종이 책을 읽으려고 하면 도대체 무슨 말인지 알 수 없어서 책을 덮고 마는 실질적 문맹이 되어가고 있는 것일까?

짧고 쉬운 게 정말 좋을까?

예전에는 두꺼운 소설책을 읽거나 책을 한가득 쌓아놓고 읽는 사람이 많았어. 도서관이나 카페, 지하철에서도 책을 읽는 사람을 자주 볼 수 있었지. 그런데 유튜브와 SNS가 발달하고 나서는 책을 읽는 사람을 만나기가 쉽지 않아. 사실 나도 책 한 권을 제대로 읽기가 힘들어졌거든. 카페에서는 다른 사람과 마주 앉아서도 스마트폰만 보고 있기 일쑤지. 인스타 피드나 트위터, 페이스북의 글들을 영혼 없이 쭉 훑어보는 게 습관이 되었고 말이야. 영화나 드라마를 볼 때도 조금만 지루하다 싶으면 그 10초를 참지 못해 앞으로 당겨보게 되었고 '더 짧게'를 외치며 조금 긴 영상은 클릭조차 하지 않을 때도 많아. 틱톡 유행만 봐도 그렇잖아. 15초 안에 모든 것을 이야기하려고 하는 사람들이 많아진 거야.

각종 미디어를 통해 정보를 접하고, 특히 짧고 쉬운 영상을 선호하는 문화가 확산되면서 사람들은 점점 글을 읽지 않게 되었어. 설사 읽더라도 텍스트를 띄엄띄엄 읽기 시작했지. 문제는 이렇게 쇼트폼 콘텐츠(short form contents, 평균 15~60초, 길게는 10분 이내의 짧은 영상 콘텐츠)에 익숙해지면서 빠르고 효율적으로 콘텐츠를 소비하는 데 길들여지는 '블리딩 오버(bleeding over)' 현상이 나타났다는 거야. 블리딩 오버는 '빠른 정보 처리 속도'가 특징인 스크린으로 글을 읽는 습관이 반복되다보면, 스크린을 끄고 신문이나 책을 집어 든다 하더라도 그런 방식의 읽기가 계속되는 것을 말해.

《다시, 책으로》의 저자인 매리언 울프 또한 책에서 자신도 이 현상을 피해갈 수 없었다는 고백을 해. 어느 날 어린 시절 자신에게 큰 영향을 주었던 헤르만 헤세의 《유리알 유희》를 다시 펼쳤다가 뇌를 한 방 얻어맞은 느낌이 들었다는 거야. 길고 어려운 문장 때문에 책을 제대로 읽을 수 없었고, 텍스트를 천천히 읽어보아도 과거의 감정을 느끼기에는 역부족이었다고 해. 매일 기가바이트 분량의 글을 읽으면서 빠른 속도에 익숙해진 탓에 헤세의 메시지를 파악할 만큼 읽고 생각하는 속도를 충분히 늦출 수가 없었기 때문이지. 빠르게 겉핥기식으로 읽다보면 깊이 읽기 자체가 안 되고 내용을 공감하기도 어려워지기 마련이잖아. 그렇게 듬성듬성 정보들을 건너뛰다보면 글의 아름다움을 간과하게 되는 것은 물론이요, 비판적 사고나 깊이 있는 사유 같은 건 그야말로 사치가 될 수밖에 없는 거지.

이처럼 미디어의 영향으로 짧은 콘텐츠에 익숙해진 탓인지 블로그나 유튜브에서 자신이 필요한 정보를 찾을 때도 속도를 중시하는 듯해. 긴 글을 읽기 싫고 전체 영상을 다 보는 것도 귀찮아서 내용을 요약해달라고 요구하는 댓글을 다는 사람들이 많거든. 그래서 'TL;DR(too long; didn't read)'이라는 신조어가 나오기도 했지. 이 말은 '너무 길어서 읽지 않았다'라는 뜻으로, 부정적인 의미가 강해. '당신이 쓴 글은 너무 장황하고 읽기 힘드니 좀 줄여서 간결하게 써라' 혹은 '횡설수설하지 말고 짧게 써라!'라는 주문에 가깝거든. 주의력이 떨어져 (어려운 글이든 아니든 상관없이) 조금이라도 긴 글에는 아예 집중하지 못하는 현상을 그대로 보여주는 말인 거야. '스압주의('스크롤 압박 주의'의 줄임말로 너무 길어서 스크롤을 많이 내려야 하니까 주의하라는 의미)'라는 말도 긴 글에 대한 비슷한 태도를 담고 있어. 물론 이 말은 글이 길 때뿐 아니라 이미지가 많을 경우에도 사용하지만, 여하튼 짧고 간략한 콘텐츠에 대한 사람들의 니즈를 반영한 단어인 거지.

일상에서 짧은 문장만으로는 타인의 생각을 이해하거나 내 생각을 자유롭게 표현할 수 없는데, 그럼에도 불구하고 긴 글에 대한 거부감이 생겨버린 사람들이 많으니 큰일이야. 사실 글을 읽는 것을 어려워하는 것도 문제지만, 더 큰 문제는 조금이라도 긴 글은 처음부터 아예 읽으려고 하지 않는 태도라고 봐. 그런데 이러한 상황을 개선하기 위해 노력하기보다 다들 그냥 순응하는 듯해. 짧은 글과 그림으로 의미와 메시지를 전달하는 카드뉴스들이 인터넷에 돌아다니고, 도서나 영화, TV 프로그램 등 다양한 콘텐츠를 요약해 제공하는 서머리(summary) 산업이 발전하고 있거든. 심지어 전 세계의 언론사들은 뉴스를 단 3줄로 요약 정리해주는 인공지능까지 개발 중이래. 그러니 스스로 글을 읽으려는 노력도 하지 않고, 설사 읽어도 글에 담긴 의미를 정확하게 이해하지 못하는 지금 우리의 상황이 제자리일 수밖에 없는 거지.

2. 호구도 안 되고, 자신감도 키우고

얼마 전 인터넷 기사에서 단어에 대한 오해로 인해 벌어진 일화를 접하고 빵 터진 적이 있어. 한 고등학생이 수업 시간 중에 선생님이 낸 어려운 문제를 맞히자 친구가 이렇게 말했대.

"너 되게 고지식하다."

고지식을 고(高, 높을 고)+지식(knowledge), 즉 지식 수준이 높다는 의미로 잘못 알고 있었던 거야. 더 심각한 상황은 다음 대화에서 이어졌어. 그 말을 들은 다른 친구가 이렇게 맞장구쳤대.

"맞아! 얘는 정말 고지식한 것 같아."

이 칭찬을 들은 당사자는 뭐라고 했을까? 기뻐하면서 고맙다고 답했대.

어떤 상황인지 이해가 돼? '고지식하다'는 순우리말

로 '융통성이 없고 앞뒤가 꽉 막혔다'는 뜻이거든. 보통 의견을 잘 굽히지 않고 고집을 부리는 사람에게 '너 왜 이렇게 고지식해?'라고 묻잖아. 그런데 이 친구들은 완전 다른 의미로 해석한 거야. 심지어 한 명의 실수가 아니라 모두가 그 단어의 의미를 정확히 모른 채 분위기에 휩쓸려 서로 칭찬하며 이야기가 마무리되었다니, 놀랍고 또 안타까울 수밖에.

누구에게나 이런 경험이 있지

비슷한 상황으로 선생님이 학생에게 '너 이지적이다'라고 칭찬했더니 그 학생이 굉장히 불쾌해했다는 내용의 기사를 보기도 했어. '이지적'에서 '이지(理智)'는 이성과 지혜를 이르는 말로, 본능이나 감정에 휩쓸리지 않고 지식, 윤리에 따라 사물을 분별하고 깨닫는 능력을 말해. 즉 선생님은 지혜롭다는 의미로 칭찬했던 건데, 그 학생은 '이지'를 영어 'easy(쉬운)'로 이해하고 화를 냈다는 거야. '내가 쉬워 보인다는 건가?'라고 오해한 모양인데, 그저 웃어넘기기엔 참 씁쓸한 이야기지.

문제는 이런 상황들이 해프닝이 아니라 일상이 되어가고 있다는 데 있어. 전학 가는 학생에게 쓰고 있는 교과서를 '사서(司書)' 선생님께 반납해야 한다고 말했더니 교과서 약 10권을 '사서(buy)' 가지고 온 학생, '수묵화(먹으로 그린 그림)'를 '물에서 사는 꽃'이라고 설명해준 학생, '작자 미상(작품의 작가를 알 수 없는 경우)'을 듣고 지은이가 '미상'이라는 중국 사람인지 알았다는 학생, '존귀(지위나 신분이 매우 높고 귀함)'의 뜻을 '매우 귀엽다'로 아는 학생 등.

우리의 문해력이 심각한 수준이라는 사실을 모두가 알 수 있을 거야. 자신도 이런 적이 있다면, 그 일을 떠올릴 때마다 이불킥이 절로 나오겠지. 인간의 읽고 이해하는 능력은 후천적으로 길러지는 거라서 꾸준히 읽고 공부하지 않으면 퇴화한다고 하던데, 그것을 여실히 보여주는 사례들이 아닌가 싶어. 물론 이런 단어들이 책을 많이 읽어야만 알 수 있는 수준의 어휘는 아니지만, 그래도 평소에 책을 열심히 읽었다면 저런 실수를 하지는 않았을 거야.

이렇게 소통에 있어서 문해력의 저하가 가져오는 문제는 사실 웃고 넘어가거나 그냥 모른 척 지나갈 수도 있어. '무식하다'고 핀잔 한 번 들으면 그만일지도 몰라. 하지만 이런 상황이 계속되면 그저 창피만 당하고 마는 것이 아니라, 학습은 물론 일상생활에 적응하기 어려워질 수도 있지.

모든 학습의 기초

문해력이란 인간의 생활과 사고방식을 좌우하는 능력이야. 그래서 현대 사회에서는 문해력이 뒷받침되지 않으면 인간답게 살 수 없다고 걱정을 표해. 그중 가장 우려스러운 것은 문해력 교육이 되어 있지 않으면 어린 나이부터 학교에서 실패를 경험한다는 거야. 생각해봐. 모든 학습의 기본은 결국 문해력이야. 국영수 과목은 물론이요, 엔지니어링, 요리 등 어떤 분야라도 기본 공부는 읽고 이해하는 것부터 시작하니까. 결국 모든 과목과 영역에서 문해력이 필요한데, 이 문해력이 낮으면 텍스트 자체를 이해할 수 없어 기초 학습 부진으로 연결이 되지. 또래 학년의 평균 수준에 해당하는 문해력을 갖추지 못하면, 교과 내용이나 선생님 설명을 이해하지 못해서 수업에 대한 흥미도 잃게 되고, 결국 대부분의 과목에서 어려움을 겪게 되는 거야.

진도를 따라가지 못하는 건 단순히 공부를 못한다는 문제에 그치지 않아. 내용도 모르겠고 선생님 질문에 친구들처럼 답하지도 못하겠으니 자신감이 하락하고 괜히 움츠러들게 되지. 그럼 수업에 집중하기가 더 힘들어지고 말이야. 이렇게 잘하고 싶지만 잘할 수 없는 상황이 계속되면 결국 학습 동기 자체를 상실할 수도 있어. 학교에 와서 수업도 안 듣고 친구들과 어울리지도 않고, 하루 종일 잠만 자는 친구들이 있잖아. 어차피 일어나 있어도 수업에 제대로 참여할 수 없으니 잠이나 보충하자는 태도는, 이런 악순환의 결과라고 볼 수 있어. 학업에서 동기를 잃으면, 일상생활에서까지 의욕을 상실할 수 있는 거지. 그러니까 공부뿐 아니라 일상생활에서도 자신감을 갖기 위해 우리는 문해력을 기르려고 노력해야 해.

중학생의 경우는 학습도구어(교과서 등 학술적인 책에 등장하는 언어)를 모르면 수업 자체를 따라갈 수 없다고 해. 수업에 등장하는 용어들이 마치 신조어나 외계어처럼 느껴져서 이해가 불가능한 거야. 유행에 뒤처지지 않으려고 유행어나 힙합의 랩을 외우곤 하잖아? 마찬가지로 수업에 뒤처지지 않으려면 학습도구어를 반드시 외워야 해.

고등학생의 경우는 한 단계 업그레이드되어서, 글 속의 정보를 잘 파악하고 비판적으로 판단하는 능력이 중요해. 대부분 긴 글이 주어지기 때문에 그 긴 호흡의 글들을 무리 없이 읽어 낼 수 있도록 어떤 글이든 자연스럽게 받아들이는 연습이 우선이야. 그다음에는 글을 정독하면서 핵심을 파악하고 그 의미나 메시지에 대해 비판적이고 객관적인 판단을 할 수 있어야 해. 그래야 길고 어려운 지문이 주어지더라도 움츠러들지 않고 자신 있게 읽어내려가며 내용을 이해할 수 있으니까. 그럼 수능 국어 영역에서도 좋은 성적을 받을 수 있지.

이게 끝일까? 문해력은 학창 시절에만 해당되는 것이 아니야. 그래서 더 중요한 능력인 거지. 문해력이 부족하면 학습 부진을 겪게 되면서 대학 진학에도 걸림돌이 되지만, 성인이 되어 사회에 나갔을 때도 업무 처리나 기술 습득의 경쟁에서 뒤처지기 쉬워. 업무에서 요구되는 문제 해결이나 의사 결정, 창의성, 리더십, 협상 등과 같은 핵심 역량의 기본 토대가 바로 문해력이기 때문이야. 또 문해력은 빅데이터, 인공지능 같은 4차 산업혁명 시대의 새로운 기술을 습득하고 활용하는 데에도 꼭 필요한 기초 역량이지.

이렇게 얘기하면 '저는 유튜버 할 거라서 문해력 필요 없어요. 공부 안 해도 돼요!'라고 말하는 친구들도 있는데, 크리에

이터도 문해력이 필수야. 왜냐하면 크리에이터로 성공하기 위해서는 어떤 콘텐츠를 선택해야 구독자가 많이 모일지 사회 전체적인 분위기를 들여다보는 안목이 필요하거든. 또 영상을 만들 때도 콘텐츠를 어떤 식으로 전개할 것인지 머릿속으로 그릴 줄 아는 능력이 중요하지. 그뿐이 아니야. 영상에 어떤 대사와 자막을 넣을지 고민하는 일, 영상을 업로드한 후 사람들의 피드백을 읽고 이해한 뒤 반영하는 일도 모두 문해력이 기본이 되어야 가능해. 내가 좋아하는 일을 잘하기 위해서, 문해력은 필수 조건이라는 걸 잊으면 안 돼.

손해 보지 않고 살 수 있다

이렇게 말해도 '문해력은 그저 글을 읽고 이해하는 능력이구나' 하고 지나쳐버릴지 몰라. 하지만 계속 문해력을 강조하는 이유는, 우리 일상 전반과 아주 밀접한 관계가 있기 때문이야. 우리가 일상생활에서 자주 접하는 설명서나 주의사항을 읽고 이해하는 데도 문해력이 필수이고, 더 나아가 전문적인 지식을 담은 법률이나 논문, 저널 읽기에도 실질적으로 필요한 역량이 문해력이야. 때문에 문해력이 낮다면 습득할 수 있는 지식의 양과 질도 낮아질 수밖에 없어. 그럼 다음과 같은 상황에서 적절하게 대응하지 못해 곤란해질 수도 있을 거야.

①
나: 구직 활동 중이신가요?
상대: 아니요.
나: 아, 이미 취업하신 건가요?
상대: 아뇨, 일 구하고 있습니다.
나: …??

②
나: 여기 성함 써주세요.
상대: ? (멀뚱)
나: 여기 성함 써주세요.
상대: ?? (멀뚱)
나: 여기 성함 써주세요.
상대: 그게 뭔지 알려줘야 쓰죠.
나: 성하고 이름 써주세요.
상대: 진작 그렇게 말했어야죠!

1번 상황을 한번 볼까? 처음에 '나'는 구직(求職) 활동 중이냐고 물어. 구직은 구할 구(求)와 직책·직분 직(職)의 두 음이 합쳐진 말로, 일정한 직업을 구한다는 의미이지. '당신 지금 직업을 구하고 있느냐'고 묻는데 '상대'는 아니라고 답했어. 그래서 그럼 취업을 한 거냐고 물었더니 아니라며 일을 구하고 있다는 거야. 구직이라는 단어를 몰라서 벌어진 일인데, 만약 취업을 하기 위해 어떤 회사에 방문한 경우라면 엄청나게 황당한 상황이 아닐 수 없어.

2번 상황도 한번 봐볼까? '나'는 구직신청서에 성함(姓銜)을 써달라고 말해. 성함은 '성명(姓名)'의 높임말이야. 한자 그대로 성(가계의 이름)과 명(개인의 이름), 즉 이름을 의미하는 단어지. 하지만 '상대'는 그 단어 자체를 몰랐던 거야. '나'는 인내심을 갖고 세 번이나 이야기하지. 그러자 이번에는 성함이란 게 뭔지 알려달라며 짜증스럽게 말해. 그래서 친절하게 설명해줬더니 왜 처음부터 어렵게 말했냐며 도리어 화를 내는 거야. 아무리 쉬운 말을 선호하는 요즘이라지만 상대방을 높이고 존중하는 말도 배워야 하지 않겠어? 이 구직자는 어떻게 되었을까 생각하면, 왜 그렇게 문해력을 강조하는지, 문해력이 공부뿐 아니라 삶에서도 얼마나 중요한 능력인지 확실히 알 수 있겠지.

다음 문제는 EBS 〈당신의 문해력〉 방송에 등장했는데, 출연진 전원이 답을 맞히지 못했어. 하나씩 풀어보자. 두 중학생 자녀를 둔 부부라고 했으니까 청소년 2명과 어른 2명이라는 사실을 확인할 수 있어. 최소 3명 이상이 이용하면 어른 운임의 30%를 할인해준다고 했으니까, 어른의 요금은 1명당 35,000원이 되겠지. 2명이니까 70,000원이야. 청소년 할인에

5. 다음은 KTX 열차의 '다자녀 행복' 할인제도의 할인율을 설명한 내용이다. 두 중학생 자녀를 둔 부부가 이 할인제도를 이용하여 '서울-부산' 구간의 왕복 승차권을 구입할 때, 총 구매 금액은?

(할인율) KTX 열차별 승차율에 따라 지정된 좌석을 등록된 가족 중 최소 3명 이상(어른 1명 포함)이 이용하는 경우 어른 운임의 30% 할인

[서울-부산 간 편도 요금]

	어른	청소년
정상 요금	₩50,000	₩30,000
30% 할인 요금	₩35,000	₩21,000

○ ₩190,000
○ ₩224,000
○ ₩260,000
○ ₩284,000

출처: EBS 〈당신의 문해력〉

대한 언급은 없었기 때문에 나머지 청소년 2명에 대한 요금은 정상 요금으로 계산해서 총 60,000원이 될 거야. 그럼 이 가족의 편도 요금은 130,000원인데, 왕복 승차권을 구입한다고 했으니까 총 구매 금액은 260,000원이 되는 거지.

이게 문해력이랑 무슨 상관이냐고? 덧셈과 곱셈만 할 줄 아면 되는 거 아니냐고 물을 수도 있어. 하지만 덧셈과 곱셈을

할 줄 알아도, 제시된 할인의 조건, 왕복 같은 구매의 요건들을 제대로 읽고 이해하지 못하면 해답을 구할 수 없지. 문해력이 중요한 이유를 바로 여기서 확인할 수 있어. 문해력은 특별한 상황에서 요구되는 특수한 능력이 아니라, KTX 승차권을 끊는 등 생활 속에서 필요한 기본 능력이기 때문이지. 이런 건 누가 나에게 번번이 친절하게 알려줄 수 있는 게 아니야. 그 상황을 맞닥뜨린 내가 스스로 이해하고 해결해야 할 문제이지. 그래서 텍스트 해석 능력이 떨어지면, 원활한 지식의 습득이 힘들 뿐 아니라 일상을 꾸려가는 데도 어려움을 겪어. 이건 정말 치명적인 단점이 될 수도 있어. 문제를 해결하지 못해 발생하는 시간 낭비는 둘째치고, 당장 내가 금전적 손해를 입을 수도 있는 거야. 앞의 문제에서도 할인의 조건을 제대로 이해하지 못하면 그 혜택을 받지 못할 테니까 말이야.

3. 책을 안 읽으면? 사는 데 문제가 많아져

수업 시간에 학생들에게 독서의 중요성에 대해서 강조하는데, 한 학생이 이런 말을 했어.

"독서를 왜 해요? 요약본을 보면 되는데. 그래도 내용 다 알 수 있어요."

그랬더니 다른 학생이 옆에서 친절하게 첨언을 하더라.

"선생님, 책 제목 뒤에 리뷰 요약이라고 써서 검색하면 책 한 권을 요약한 영상이 꽤 많이 나와요. 짧으면 10분, 길어도 30분이면 책 내용을 다 확인할 수 있어요!"

이렇게 당당히 이야기한 학생도 있었어.

"책 안 읽어도 사는 데 크게 문제없잖아요!"

학생들이 책을 중요한 정보나 지식 함양의 수단으

로 생각하지 않는다는 것을 알 수 있었어. 영상으로 모든 정보를 얻을 수 있는데 굳이 시간을 투자해서 '눈으로 직접 책을 읽는 것'에 대해 매우 회의적이라는 점도 확인할 수 있었지. 물론 보통 한 권의 책을 읽는 데 며칠을 투자해야 하는 것에 비하면, 요약된 영상을 빠르게 보는 편이 효율적이라고 생각할 수도 있겠지. 하지만 책을 읽는다는 것은 빨리 효율적으로 읽으면서, 독서와 관련된 스킬을 익히고 요약된 내용을 받아들이는 행위에 그치는 게 아니야. 독서의 진정한 목표와 의미는 다른 분야에 접목할 수 있는 사소한 지식에서부터 연계할 수 있는 생각의 확장성 등을 얻는 것이라고 볼 수 있거든.

요약본이 왜 위험한지 알아?

그러니까 요약본을 보고 책의 내용만 빨리 알아내기보다 직접 독서를 경험하는 과정의 중요성에 대해 강조하지 않을 수 없는 거야. 같은 정보와 지식을 배운다고 해도, 책으로 익히는 것과 인터넷으로 접하는 것은 다를 수밖에 없거든.

책으로 배우는 것은 능동적인 과정이야. 내가 직접 종이를 넘기면서 정보를 습득하는데, 모르는 내용이 있으면 잠시 읽기를 멈추고 생각을 곱씹거나 관련 자료를 찾아볼 수 있지. 그 과정에서 자연스럽게 책의 정보와 다른 정보를 연결시킬 수 있는데, 그러면서 생각하는 힘이 생겨. 무엇보다 나의 생각 속도에 맞춰서 책을 읽으며 정보와 지식을 주체적으로 습득하는 게 가능해.

반면 인터넷이나 영상으로 배우는 것은 수동적인 과정이야. 제공되는 정보를 일방적으로 전달받는데, 사고 자체를 인터넷이나 영상에 맡겨버리니까 뇌가 일하지 않게 되지. 무엇보다 인터넷이나 영상에는 불필요한 정보가 너무 많은 게 문제야. 화려한 화면에 시선을 빼앗겨 내용에 집중하지 못하게 되거나, 팝업으로 뜨는 광고나 실시간 검색어를 클릭했다가 정신이 팔리는 바람에 배우려던 것이 무엇인지조차 까먹게 되는 경우가 허다하지.

네가 독서를 하려고 마음먹었다고 가정해보자. 책을 읽고자 시간을 따로 내겠지? 독서 시간도 확보했고, 책을 읽을 의지도 충분하니 평소에는 잘 접하지 않는 긴 글을 읽는 일에 방해 요소는 거의 없다고 봐야 해(물론 졸음이 우리를 방해하는 강력한 요소이긴 하지만 말이야). 그럼 필요한 만큼 집중력을 발휘해서 책의 내용을 읽고 이해하는 일이 가능하지.

그런데 반대로 네가 스마트폰으로 영상이나 글을 본다고 생각해보자. 인터넷에 올라오는 콘텐츠는 영상이든 글이든 길이가 짧아서 집중에 필요한 시간도 짧아. 조금 보고 다른 일을 하고, 또 조금 보고 딴생각을 하는 상황이 조성되는 거지. 또 집중의 강제성이 없으니 스크롤을 빠르게 내리는 경우가 많은데 그러면 정독이 이루어질 수가 없어. 게다가 스마트폰으로 뭔가를 보고 있다보면 SNS에 친구들이 몰려들기도 하고, 읽던 텍스트의 중간에 등장하는 하이퍼링크를 통해 다른 관심사로 옮겨가게 되는 등 집중을 방해하는 분위기가 지속되지.

영상 시대라고들 하지만 스마트폰이 우리가 읽는 종이책의 텍스트를 온전히 대신할 수 없는 이유가 바로 여기에 있어. 이건 그냥 단순히 정보를 얻는 과정이라고밖에 볼 수 없거든. 집중을 통해 길러지는 생각의 힘, 생각을 통해 더욱 깊어지는 지식과 지혜 같은 건 불가능한 셈이지.

문해력 발달의 기초는 독서

　독서는 뇌를 발달시키고 창의성을 높이는 가장 기본적인 활동이야. 또한 문해력 발달의 기초가 되는 활동이기도 하지. 그렇기 때문에 적절한 시기에 흥미에 맞는 독서를 하는 것은 매우 중요한 일 가운데 하나라고 볼 수 있어. 그런데 책 읽기를 어려워하는 학생들이 의외로 많지. 영상이나 이미지는 잘 이해되는데, 글은 몇 번을 읽어도 무슨 말인지 모를 때가 있기도 해. 그래서 '나는 독서랑 잘 맞지 않아'라는 이야기를 우스갯소리로 하며, 자의에 의해 독서와 멀어지고 있어.

　대학교수이자 작가인 매리언 울프는 《책 읽는 뇌》라는 책에서 '인류는 책을 읽도록 태어나지 않았다. 독서는 뇌가 새로운 것을 배워 스스로를 재편성하는 과정에서 탄생한 인류의 기적적 발명이다'라고 주장했지. 이 말은 '말하는 유전자'는 일부를 제외한 대부분의 인간이 갖고 태어나지만 '읽는 유전자'를 선천적으로 지닌 사람은 없다는 의미야. 결국 '읽는 뇌'를 갖고 태어나지 못한 인간은 글을 읽으며 뇌의 회로를 바꾸는 노력을 해야, 읽기 능력을 습득할 수 있다는 거지.

　읽기 훈련을 많이 하면 관련 뇌의 영역에 자극이 가해짐으로

써 문해력 향상에 도움이 되는 '잘 읽는 뇌'로 만들어갈 수 있어. 그러니까 지레 독서는 어렵다며, 나는 독서랑 맞지 않는다며 포기할 필요가 없는 거야. 왜냐면 우리는 선천적으로 읽는 능력이 부족하니까 독서는 모두에게 힘들고 어려운 일이거든. 반대로 말하면 꼼꼼하게 읽는 훈련을 천천히 해나가면, 누구나 잘 읽게 될 수 있다는 이야기이기도 해.

OECD가 2021년 5월 발표한 〈PISA 21세기 독자: 디지털 세상에서의 문해력 개발〉이라는 보고서에 따르면, 한국의 만 15세 학생들은 인터넷 정보에서 '사실과 의견을 식별하는 능력'이 가장 낮은 수준이었다고 해. 이는 인터넷에서 주어진 정보를 명확하게 판단해 적절하게 대처할 수 있는 '디지털 문해력'이 매우 낮은 상태임을 보여주는 결과라 할 수 있어. 디지털 문해력 역시 책 읽기 능력과 깊은 관련이 있는 거야. 어렸을 때부터 책 읽기를 통해 전전두엽을 활성화하면 비판적 사고력이 향상되기 마련인데, 책을 읽지 않은 학생들은 비판적 사고력을 키우지 못해 정보의 진위를 판별하는 능력도 낮아지게 되거든. 그리고 결국 본인이 자주 접하는 디지털 정보마저 제대로 소화해내지 못하는 지경에 이르게 되는 거지.

한마디로 모든 정보와 의미를 구성해서 시청자에게 전달해 주는 영상매체에 익숙해지면, 자기 스스로 정보와 의미를 구성하는 힘이 떨어지게 돼. 그럼 글을 읽거나 자료들을 조합해 보고서를 쓰거나 발표를 하는 데에도 곤란을 겪게 되는 거지. 자기 생각을 구성하는 능력이 부족하니까, 아무리 많은 자료를 모아도 이를 정리할 수가 없는 거야. 다시 한번 강조하지만 스스로 생각하지 않고, 스스로 글을 읽어내지 않는 경험으로는 이해의 폭과 깊이를 더해갈 수 없어. 그렇기 때문에 문해력을 향상시키기 위해서는 반드시 독서가 필요하다는 말씀!

4. OTT, 슬기롭게 활용해볼까?

영상이나 음악 콘텐츠를 OTT(Over the Top)를 통해 접하는 생활은 아주 당연한 일상으로 자리잡았어. 처음에는 구독료가 너무 비싸다고들 생각했지. 하지만 이제는 시간과 장소에 구애받지 않고 언제 어디서나 동영상 서비스를 불편함 없이 즐길 수 있다는 매력에 다들 푹 빠져버린 것 같아. 덩달아 많은 사람들의 OTT 의존도가 높아지고 있지.

여기서 잠깐, OTT는 뭘까? OTT는 영화, TV 방영 프로그램 등의 미디어 콘텐츠를 인터넷을 통해 소비자에게 제공하는 서비스를 말하는데, 쉽게 설명하면 인터넷 기반의 동영상 서비스 모두를 포괄한다고 생각하면 돼. 예전에는 누구나 같은 시간에 지상파 방송을 봤거든. 그런데 OTT는 내가 원하는 시간에, 보고 싶은 콘텐츠를 볼 수 있는 서비스라는 점에서, 요즘 시청자들의 니즈에 부합했고 성공적으로 자리잡을 수 있었지.

OTT 서비스로 인해 스마트폰 이용 시간이 점점 늘어나고 있다는 점에 대해 우려의 목소리가 크긴 하지만, 다양한 콘텐츠를 손쉽게 접할 수 있는 OTT를 멀리하기는 쉽지 않아 보여. 그럼 이렇게 접근해보면 어떨까? 우리의 시간을 잡아먹고 스마트폰을 손에서 떼지 못하게 만든다고 비난받는 OTT가 오히려 우리의 문해력에 도움이 될 수는 없을지 생각해보는 거야!

읽기 힘든 고전을 편하게 만나기

세상의 모든 것들이 그렇겠지만, OTT도 잘만 활용하면 우리에게 큰 도움이 돼! 독서에 적용할 때 힘을 발휘하는 OTT의 장점, 무엇이 있는지 살펴볼까?

첫 번째, 고전에 대한 접근성을 높일 수 있어.

학생들과 방학 중 독서 토론 수업을 진행할 때 세계문학전집을 한 권씩 꼭 선택하곤 해. 함께 읽기는 힘이 세니까, 혼자 읽기에 어려운 책을 같이 읽고 이야기를 나누면 여러 도움을 받을 수 있거든. 그런데 세계문학전집은 두께와 무관하게 읽기 고통스러운 작품들이 많다는 것, 다들 알고 있을 거야. 내용이 어렵거나 난해해서 마음을 굳게 먹어야 겨우 한 장을 넘길 수 있는 책들이 있지.

하루는 학생들에게 '얘들아, 우리 독서 토론 책으로 《위대한 개츠비》를 읽어보는 건 어떨까?' 하고 물었다가 마치 투명인간이 된 듯 외면당했던 적이 있어. 사실 예상했던 반응이기도 했지. 나도 세계문학전집 책들이 있지만, 그것들은 주로 서재를 꾸미는 용도로 사용되거든. 그래, 고전 읽기는 어려워. 그 시대 사람들의 생소한 어투나 공감하기 어려운 시대적 배경, 여러 번 곱씹어 읽어도 도저히 이해할 수 없는 번역투의 문체, 등장인물들의 복잡한 관계, 사건에 대한 긴 설명이나 묘사 등이 책의 몰입도를 떨어뜨리는 경우가 많거든.

그런데 대체 고전을 왜 읽어야 하냐고? 고전은 오랫동안 많은 사람들에게 읽힌 책이야. 그만큼 강한 생명력을 지녔다는 건 그 책에 담긴 메시지들이 아주 중요하고 의미 있다는 뜻, 아니겠어? 그러니까 고전을 읽으면 우리는 오랫동안 전해 내려온 아주 중요하고 의미 있는 메시지들을 자연스럽게 전달받는 거야.

그래서 고전은 꼭 읽어야 하는데, 고전이 어렵게만 느껴질 때에는 영화로 먼저 내용을 파악하는 것도 하나의 방법이야. 물론 어떤 사람들은 영화부터 보면 그 이미지의 잔상이 독서를 방해해서 원작의 감동을 제대로 느끼지 못하게 만든다고 말하기도 해. 하지만 그건 원작을 스스로 읽을 때의 이야기라 우리의 상황과는 조금 다르지. 우리는 고전을 읽을 시도조차 잘 하지 않잖아. 그렇기 때문에 고전에 대한 두려움을 극복하기 위해서, 혹은 고전을 읽어보고 싶은 동기를 부여하기 위해서 영화를 먼저 보는 것은 의미가 있어.

학생들과의 독서 토론에서 리어나도 디캐프리오가 나오는 영화 〈위대한 개츠비〉를 함께 감상한 적이 있어. 영화를 본 후 학생들과 원작 《위대한 개츠비》를 읽었지. 두께는 얇지만 도전하기 쉽지 않은 책이었는데, 영화가 제1차 세계대전 이후 미국의 모습을 현대에 맞게 잘 각색했더라고. 영상으로 먼저 그 시대를 쉽게 경험한 덕분에 아이들은 소설에도 거리감 없이 접근할 수 있었어. 영화와 관련해 개츠비 개인의 고뇌를 너무 가볍게 그렸다거나 뉴욕의 화려함만을 부각했다는 혹평도 간혹 있지만, 영상이 가진 한계일 수도 있으니 이런 점은 눈감아주도록 하자.

여하튼 우리는 영화를 통해 당시 시대 배경을 이해한 뒤, 책으로는 꿈도 이상도 도덕도 없는 시대에 인간 본연의 모습을 잃지 않고 한 여자만을 사랑한 개츠비의 일생을 유려한 문장으로 경험했지. 이후 아련한 감성, 그리고 비극적 결말이 던지는 여운에 초점을 맞추며 책 이야기를 나누다보니 학생들이 이렇게 말하더라.

"고전이라면 어렵게만 생각했는데 생각보다 재미있어요!"

이런 반응이 나올 수 있었던 것은 영화가 소설의 이해를 차분히 도와준 덕분이야.

두 번째, 작품에 대한 깊이 있는 감상과 분석이 가능해져.

꼭 고전이 아니더라도 하나의 작품을 소설과 영화, 두 가지 형태로 접하면 그 작품을 좀더 입체적으로 경험할 수 있지. 영화 〈위대한 개츠비〉와 소설 《위대한 개츠비》를 계속 예로 들어 이야기해볼게. 영화는 한정된 시간 안에 작품을 그려내야 하니 원작의 장면들이 삭제되는 경우가 있어. 영화에는 나오지 않지만 소설에는 나오는 부분, 예를 들어 '윌슨'이 '톰'을 찾아가 사고를 낸 차의 주인이 누군지 추궁하고 이것이 결국 비극적인 결말로 이어지는 대목 등을 확인해보면, 사건의 인과관계를 더욱 생생하게 살펴볼 수 있지.

또 영화에서 '닉'의 아버지가 닉에게 건넨 '누군가를 비판하고 싶을 때는 이 점을 기억해두는 게 좋을 거다. 세상 모든 사람이 다 너처럼 유리한 입장에 서 있지는 않다는 것을'이라는 말과 같이 인상적인 대사들도 책에서 다시 문장으로 접하면 느낌이 전혀 달라. 이렇게 영상과 영화를 통해 여러 느낌으로 경험한 좋은 글귀를 마음속 곳간에 넣고 곱씹으며 감성도 풍부하게 만들 수 있지.

고전에 대한 진입장벽을 낮춰주고 문학작품을 깊이 있게 감상하도록 만들어줄 수 있다니, 생각지도 못한 OTT의 기능이잖아. 그렇다면 공부는 안 하고 맨날 영화만 본다고 걱정하는 부모님께 설득력 있게 반박할 수도 있겠지. '엄마, 영화 보고 이 작품의 원작도 책으로 함께 읽어보면서 같은 작품을 비교분석하며 깊이 있게 이해하고 싶어서요'라고 말이야.

그런 영화들이 생각보다 꽤 많아. 《오만과 편견》, 《레 미제라

블》,《작은 아씨들》,《제인 에어》 같은 고전들은 모두 영화로도 만들어졌어. 그래서 고전 읽기가 겁이 난다면 먼저 영화들을 접하기를 권해. 영화를 보고 원작도 함께 찾아보면서 고전 읽기에 대한 깊이를 조금씩 갖춰나가면, 마음속에 고전 독서에 대한 작은 불씨가 점차 타오를 것이라고 생각해. 성공의 경험은 독서에서도 정말 엄청나게 중요한 거거든.

마지막으로 스토리텔링을 해석하는 능력을 기울 수 있어.

드라마나 영화가 시간 낭비라고 생각하는 사람들도 많지만, 나는 스토리텔링을 직접적으로 경험하고 상상하고 구성하는 데 이만한 재료는 없다고 생각해. 특히 요즘에는 반전의 재미를 가진 드라마나 영화들이 많이 있잖아. 한 회 내에서도 반전의 반전을 거듭하는 이야기들, 그래서 결말이 쉽게 예측되지 않는 작품들. 그런 작품들에서의 서사를 이해하고 결말을 상상하며 영상들을 감상하다보면, 작품의 의미를 더 능동적으로 이해하고 해석할 수 있게 되거든. 이런 경험이 쌓이면 스토리텔링을 해석하는 능력이 키워지고, 그 능력은 어려운 고전이나 분량이 많은 책을 읽을 때도 큰 도움이 돼!

개인적으로 정말 좋아하는 대중매체에 관해 리뷰를 하는 블로거가 있는데, 드라마나 영화를 보고 난 후에 그 블로거의 글들을 읽다보면 자연스럽게 내용을 곱씹고 그 안에서 많은 생각을 하는 스스로를 발견하게 돼. 그렇게 정리된 생각들을 친구들과 이야기하거나 짧게나마 자신의 SNS에 기록한다면, 그저 눈으로 보고 추후 웃고 떠드는 소재로만 사용할 것 같았던 영상매체를 통해 자신의 생각을 피력할 수 있는 기회가 생기는 거지. 또 내가 본 작품에 대한 여러 사람들의 의견을 접하는 과정에서 나와 다른 사람들의 의견도 자연스럽게 받아들일 수 있게 되고, 생각의 폭도 넓힐 수 있게 되지. OTT도 잘만 하면 '문해력의 성장 도구'로 활용할 수 있는 거야.

여기서 끝이 아니야. OTT를 통해 배경지식을 넓혀갈 수도 있어. 나는 〈옷소매 붉은 끝동〉이라는 드라마를 보며 '정조'와 '의빈 성씨'에 대한 러브스토리를 찾아봤어. 그러다 정조의 삶이 어땠는지 궁금해져서 인터넷으로 관련 기록을 열심히 읽게 됐어. 누군가가 등 떠밀지 않아도 스스로 역사를 공부하게 된 것은 OTT 감상이 가져온 순기능이 아닐까? OTT는 바로 이런 부분에서 봤을 때 다양한 방식으로 우리에게 좋은 영향을 줄 수 있다는 거지. 잘만 활용하면 말이야!

5. 디지털 문해력, AI보다 똑똑해지는 법

지난 2016년 인공지능(AI; Artificial Intelligence)으로 무장한 '알파고'가 바둑 대결에서 바둑 장인 이세돌 9단을 꺾으면서 많은 사람들이 충격을 받았어. '인간 지적 능력의 최고봉'이라고 여겼던 바둑에서 창조자인 인간이 기계에 졌다는 사실이 충격이었던 거지. 그때부터 AI에 대한 공포가 커지기 시작했어. 알고리즘이 인간의 지적 능력을 넘어서서 영화나 소설에서처럼 똑똑한 AI가 사람을 지배하는 날이 오지는 않을까, 혹은 AI가 내 일을 대신해서 내 직업이 사라지게 되면 어떡하나 하는 공포감에 사로잡힌 거지.

실제로 AI는 현재 여러 분야에서 활약하고 있어. 식당에서 음식을 서빙해주는 로봇들, 많이 봤지? 나는 휴게소에서 로봇 바리스타를 만난 적도 있어. 속도가 빠르고 흔들림 없는 모습에 신기해하며 자리를 떠나지 못했던 기억이 나. 의료 분야에서는 AI가 망막 영상을 분석해서 나이와 성별, 키와 몸무게를 예측하고 질병과 관련된 바이오마커(biomarker)●를 찾아내는 AI 알고리즘을 개발하기도 했지. 또 5천 개의 법령과 50만 건의 데이터를 학습한 AI 변호사를 채용해 계약서의 위반사항은 물론 관련 판례까지 찾아내게 한 경우도 있어. 이렇게 각종 산업 현장에서는 최첨단 AI 기술이 장착된 인간형 로봇이 수많은 업무를 소화하고 있지.

AI보다 뛰어난 인간이 되는 법

앞으로 우리가 사는 세상에는 언뜻 보면 생물인지 기계인

● 생체표지자를 의미하는 것으로, 생물학적으로 정상인 과정과 병리적인 과정을 측정 및 평가할 수 있는 객관적 지표를 말한다. (출처: 미국국립보건원)

지 알아차리기도 힘든, 심지어 자신들이 진짜 인간이라고 생각하는 휴머노이드가 등장할 거야. 감정이 프로그래밍된 로봇이 인간과 교감하는 거지. 실제로 어린이집과 같은 보육 현장에 보육교사 휴머노이드가 시범적으로 도입됐는데, 그들은 걷고 앉는 등의 동작뿐 아니라 자유로운 대화도 가능하고 동화 구연이나 율동, 끝말잇기 등의 놀이까지 할 수 있다고 해.

신기함과 더불어 걱정이 밀려왔어. 이러다 진짜 AI에게 일자리를 빼앗길 수도 있겠구나 하는 우려가 생겼거든. 아마 시간이 흐를수록 더 뛰어난 AI들이 나올 텐데, 우리가 AI와의 경쟁에서 살아남으려면 어떤 능력이 필요할까?

로봇이 할 수 없는 일, 일련의 데이터를 입력하여 정보를 출력하는 것 외에 나만의 생각을 구성하고 그것을 창의적으로 표현하는 능력, 즉 통찰력과 추론 능력, 표현력은 앞으로도 오랫동안 인간만의 주요한 능력일 거야. 다시 말해 문해력 자체가 AI와 공존하는 사회에서 가장 큰 경쟁력이 될 거라는 이야기야. AI와의 차별성은 창의적이고 통찰력 있는 생각이기 때문에, 사람의 고유한 영역이자 능력인 문해력을 키우기 위해 노력해야 하는 거야. 극단적으로 말하면 문해력은 생존과 관련되어 있다는 거지.

OECD에서 문해력 관련 연구를 진행하고 발표한 결과는 흥미롭기도 하고 충격적이기도 해. 문해력이 높은 집단과 낮은 집단을 비교해봤더니 연봉은 2.7배, 취업률은 2.2배 차이가 났고, 심지어 건강도 2배의 차이가 있었다고 해. 어느 초등학교 교사는 언론과의 인터뷰에서 '긴 글을 읽고 정보를 습득하는 데 어려움을 겪는 아이들은 향후 사회에서 낮은 계층으로 전락할 수 있다'는 우려를 표하기도 했어. 문해력으로 인해 빈익빈 부익부 현상이 나타난다는 거지. 왜 이렇게 문해력을 강조하는 건지, 알 수 있겠지? 문해력은 우리 삶의 전반에서 가장 기본이 되면서 핵심이 되는 자산이자 능력이기 때문이야. 특히 창의적 사고를 요구하는 미래 사회에서는 문해력이 더 중요한 역량이고 경쟁력이라는 점을 잊지 말아야 해.

디지털 문해력은 뭘까?

디지털 문해력, 즉 디지털 리터러시(digital literacy)는 디지털 플랫폼에 있는 다양한 미디어를 접하면서 명확한 정보를 찾을 뿐 아니라 이 정보들을 평가하고 또 조합하는 능력을 뜻해. 너희들 모두가 스마트폰이나 컴퓨터를 통해 OTT 서비스나 SNS를 많이 이용하고 있잖아. 이런 플랫폼의 미디어들을 그저 보기만 하는 것이 아니라, 이 미디어 속 지식과 정보를 발견하고 평가·분석하고 또 이를 토대로 소통하면서 개인과 사회의 문제를 해결하는 능력이 디지털 문해력이라고 할 수 있지.

과거에는 문해력이라는 말도 잘 쓰지 않았고, 디지털 문해력이라는 말 자체도 없었지. 하지만 요즘은 디지털 문해력이 대세로 떠올랐어. 우리가 접하는 매체의 영역이 책뿐 아니라 디지털 콘텐츠로 확대됐거든. 인터넷을 검색해서 글이나 영상을 통해 원하는 정보를 찾아 습득하는 것은 디지털 문해력의 기본이라고 할 수 있지. 여기에 더해서 SNS를 통해 소통하고 유튜브와 같은 채널에서 콘텐츠를 생산하는 등, 디지털 정보를 능동적이고 적극적으로 활용하는 것까지 모두 디지털 문해력에 포함된다고 볼 수 있어.

이렇게 디지털의 영역이 우리 삶에 퍼져 있음에도 불구하고, 인터넷 이용 시간이 늘어나고 스마트폰에 과의존하고 있는 사람들이 많아졌기 때문에 (결국은 스마트폰이나 영상매체 때문에) 문해력이 심각한 수준에 이르렀다고 다들 경계의 목소리를 높이고 있는 건 사실이야. 과학기술정보통신부와 한국지능정보사회진흥원이 2020년 실시한 '스마트폰 과의존 실태 조사'에 따르면, 유아동(만 3~9세)의 스마트폰 과의존 위험군 비율은 27.3%, 청소년(만 10~19세)의 경우는 그 비율이 35.8%라고 해. 이는 다른 연령대와 비교했을 때 매우 높은 수준이라고 하더라고.

사실 유아기나 청소년기는 스마트폰이나 디지털 기기 사용이 또래 관계와 밀접하게 연관되어 있어. 다들 디지털 기기를 통해 소통하는데, 나만 안 한다면 이것도 문제가 될 수 있잖아. 그래서 무조건 금지한다기보다는, 스스로 미디어 사용을 조절하고 콘텐츠에서 올바르게 정보를 얻도록 하는 교육이 중요한 것 같아.

미국은 발 빠르게 관련 법을 마련했어. 2016년 워싱턴 주에서 '미디어 리터러시'를 규정한 학교법을 처음 통과시켜, 학교에서 미디어 리터러시 교육을 진행하게 했지. 미디어 리터러시는 '미디어에 접근하고 분석, 평가, 개발, 생산, 해석하는 능력'을 뜻하는데, 결국 디지털 리터러시(디지털 문해력)와 같은 개념이라고 할 수 있어. 현재 미국은 14개 주에서 미디어 리터러시 교육 관련 법률을 제정해서 시행하고 있다고 해.

또 유럽 대상 미디어 리터러시 조사 결과에서 1위를 차지한 핀란드는, 학생들이 자신의 생각을 말하고 글로 표현하는 교육을 시작으로 해서 뉴스를 직접 제작하는 연습, 또 동일한 사건에 대한 여러 관점의 뉴스를 비교하고 분석하는 훈련을 진행한다고 해.

가짜 뉴스를 가려내는 법

요즘에는 스마트폰과 소셜미디어를 통해 무수히 많은 정보들이 매일매일 쏟아지고 있어. 미국 컨설팅기업 가트너(Gartner)는 2017년 미래 전망 보고서를 통해 '2022년이 되면 선진국 시민 대부분은 진짜 정보보다 가짜 정보를 더 많이 접하게 될 것'이라고 전망했는데, 갈수록 가짜 뉴스와 허위 정보가 늘어날 것이라는 예측이었지. 시간이 흘러 벌써 2022년이 되었는데 어떤 것 같아? 우려대로 허위 정보가 엄청나게 늘어났고, 많은 사람들이 가짜 뉴스와 진짜 뉴스를 분별하지 못하고 있지.

국내에 코로나19 환자가 처음 발생했을 때를 떠올려보자. 코로나19와 관련된 온갖 유언비어가 막연한 공포심을 자극해 사회의 불안감을 더욱 고조시켰던 것이 기억날 거야. 화이자 백신에 미확인 생물체가 있다는 주장, 코로나19가 5G 통신망을 통해 퍼진다는 소문이 빠르게 확산됐지. 요즘에는 원숭이두창이 코로나19 예방접종의 후유증이라는 허위 정보까지 나돌고 있어. '에이, 바보도 아닌데 이런 정보에 속는다고?'라고 말할지 모르겠지만, 생각보다 많은 사람들이 허위 정보에 속고 있어. 재미있고 자극적인 정보는 적극적으로 받아들이는 본능이 우선하기 때문에 '어쩌면 사실일지도 모른다'고 본능적으로 생각하게 되는 거야. 초등학생도 누구의 도움 없이 스마트폰 하나면 수많은 정보에 쉽게 접근할 수 있는 세상에 살고 있는 우리, 무분별하고 유혹적인 정보의 홍수 속에서 이대로 괜찮은 걸까?

예전에 우리는 정보를 얻기 위해서 책이나 신문 등을 읽었어. 이런 매체들은 전문성을 가진 출판사나 신문사에서 기획하고 발행해. 모두 전문가에 의해 적어도 한 번 이상의 가공을 거친 정제된 정보였지. 하지만 디지털의 정보들은 정보의 창구가 너무나 광범위하고, 접할 수 있는 양 자체도 엄청나게 많아졌어. 디지털 환경에서는 누구나 내키는 대로 표현하고 드러낼 수 있기 때문이지. 그래서 누군가의 '생각'이나 '상상'이 '정보'가 되어 퍼지는 경우도 비일비재해진 거야.

점점 더 많은 사람들이 전문가의 검토나 비평 혹은 선정과 같은 중간 과정이 생략된, 확인되지 않은 정보들을 소비하고 있어. 검증되지 않은 정보들이 넘쳐나다보니 어떤 정보가 사실이고 어떤 정보가 거짓인지를 분명하게 판단하기 쉽지 않은 거지. 이건 굉장히 큰 문제야. 정보 자체가 진짜인지 가짜인지 정확하게 판단하지 못하면, 아무리 이해력이 뛰어나도 잘못된 결과를 얻게 되니까 말이야.

상황이 이렇다보니 최근 구글에서는 게임 형식으로 진행되는 어린이용 디지털 리터러시 교육 프로그램인 '비 인터넷 오섬(Be Internet Awesome)'에 허위 정보를 식별할 수 있는 방법을 대거 포함하기도 했어. 예를 들면 이런 거야. '뉴스 웹사이트를 통해 엄청난 이야기를 알게 됐는데, 그게 진짜인지 가짜인지 확신이 서지 않는다. 어떻게 해야 할까?'라는 질문이 나오는데, 답은 '3의 법칙(Rule of 3)을 이용하라, 그리고 이야기를 확인할 수 있도록 신뢰할 만한 소스를 2개 더 찾아라'야. 여기서 '3의 법칙'이란 아마도 정보의 확신을 위해 세 명 이상의 의견을 들으라는 의미인 것 같아.

생각해보니까 너무 간단하잖아. 특정 뉴스를 접했을 때 친구들 몇 명에게만 확인해봐도 그 정보가 사실인지 거짓인지 금세 확인할 수 있으니까. 사실 가짜 뉴스에 속지 않기 위해서 무분별한 디지털 정보를 멀리하라는 처방을 내릴 수도 있겠지만, 시대적 흐름을 간과할 수는 없는 거잖아. 그렇기 때문에 정보를 수용하는 주체인 우리들이 마구잡이로 쏟아지는 막대한 양의 정보들 가운데 가짜 정보와 진짜 정보를 선별해 수용할 수 있도록 노력해야 하는 거야.

그리고 이건 무궁무진한 정보들을 비판적으로 판별하고 가장 정확한 정보를 찾아내 그것을 효과적으로 활용할 수 있는 능력, 바로 문해력을 키워야 가능한 거지. 특히 인문적이거나 과학적인 진실을 다루는 책을 읽으며 문해력을 키우면, 거짓 정보에 쉽게 매수되지 않는 정신을 가질 수 있어. 이런 책들은 우리가 생각과 사고의 중심을 갖도록 돕고, 어떤 가치를 가지고 어떤 사람이 되고 싶은지 스스로 판단하고 행동하도록 지혜와 용기를 주거든.

영상매체가 우월한 시대에서 문해력이 왜 중요한지, 내가 왜 학습에서 자꾸 무기력해지는지, 왜 우리가 독서를 간과하면 안 되는지 어느 정도 고개가 끄덕여졌을 거야. 그것은 아주 좋은 신호야. 좀더 문해력을 끌어올리고 싶다는 마음속 그린 라이트가 켜진 거거든. 게다가 마치 타고나야만 가능할 것 같았던 문해력이 후천적으로 발달시킬 수 있는 능력이라고 하니 얼마나 반가운 소식이냐고! 우리에게는 아직 희망이 있는 거잖아.

그럼 이제 어떻게 하면 문해력을 키울 수 있는지, 본격적으로 하나씩 천천히 알아보자. 거창하게 뭔가를 준비할 필요는 없고, 내가 좀더 잘 읽고 잘 듣고 잘 쓰고 잘 말하고 싶다는 마음만 있으면 가능하니까 부담 없이 따라오라고!

효과적인 독서 전략을 위한 독서 습관 진단

학교에서 '한 학기 한 권 읽기' 수업을 진행하기 전에 가장 먼저 하는 조사가 있어. 바로 '독서에 대한 자신의 습관 진단'이지. 모든 학습은 메타인지로부터 시작된다는 말 들어봤지? 메타인지는 자신이 뭘 알고 뭘 모르는지에 대해 정확히 파악하고 있는 것을 의미하거든. 즉 메타인지가 이루어져야 자신이 모르는 부분을 보완하기 위한 계획을 제대로 세울 수 있어. 메타인지력을 갖춘 사람은 그 계획을 실행하는 과정에서도 뭐가 필요한지 스스로 확인할 수 있고, '지금 이 부분을 잘 모르니까 이렇게 공부해야겠다!' 혹은 '이런 계획을 추가로 더 세워야겠다!' 하면서 계획을 수정할 수도 있어.

그런데 이런 메타인지는 단지 학습에만 적용되는 것이 아니야. 계획을 세우고 실행하는 모든 일에 메타인지가 작용하거든. '독서에 대한 자신의 습관 진단'은 메타인지의 과정이야. 독서에서의 문제점을 스스로 진단한 후에야 자신에게 딱 맞는 효과적인 독서 전략을 세울 수 있으니까.

옆의 표는 학생들이 습관 진단을 통해 독서의 어려운 점에 대해 나열한 표야. 문제점에 대해 학생들에게 알려주는 효과적인 독서 전략도 함께 기재해보았어. 이 표를 토대로 자신의 독서 습관을 확인해보자. 나의 습관에 대해 잘 알고 있다면 독서를 하는 데 있어서 어떠한 구체적 활동이나 능력이 필요한지를 확인할 수 있고, 또 이에 기초해서 효과적인 전략을 세울 수 있으니까 말이야. 그렇게 나의 문제점을 보완하면서 읽기에 주력하다보면, 어느새 읽는 것에 익숙해지고 독서 수준이 올라가면서 결국 독서를 어려워하지 않게 되지. 그러면 문해력 역시 나도 모르는 사이에 좋아지는 선순환이 이루어져. 옆의 표에서 자신의 독서 습관에 해당하는 것을 체크해보면서, 효과적인 독서를 위해 어떻게 행동할지 고민해보는 시간을 가지면 좋을 것 같아.

영상이 텍스트를 대체하는 시대가 왔다는 것은 부인할 수 없는 사실이야. 디지털 기기가 점령한 시대이니까 굳이 책을 읽지 않아도 동영상을 통해 정보를 얻으면 된다고 생각하는 학생들도 많을 거야. 앞에서도 이야기했지만, 영상 콘텐츠 자체가 나쁜 것은 아니라고 생각해. 나도 가끔 영상 콘텐츠를 보

체크	독서의 어려운 점	효과적인 독서 전략
1	독서 전에 계획을 세우지만, 계획뿐이고 독서를 시작하기가 어렵다.	독서에 대한 습관이 정리되지 않아서이다. 언제 어느 때에 독서를 할지 구체적인 계획을 세워야 한다.
2	책만 펴면 졸립다.	고른 책이 문제다. 책을 고르는 방법에 대해서 고민해봐야 한다. (읽을 책 리스트를 정리해보면서 나에게 맞지 않는 수준의 책이 있다면 과감히 정리한다.)
3	글이 길면 어려워서 책을 읽을 엄두가 나지 않는다.	짧은 단편 위주로 책을 읽으며 완독하는 성공 경험을 쌓는다. (필독도서에 집착하고 있지는 않은지 확인한다.)
4	독서를 하는 시간이 아깝게 느껴진다.	독서가 왜 필요한지 진단이 필요하다.
5	어떤 책을 읽어야 할지 솔직히 잘 모르겠다.	도서관에 있는 사서 선생님을 찾아가 도움을 받는다. 전문가가 존재하는 이유가 있다.
6	한 권을 읽는 데 너무 오랜 시간이 걸린다.	오래 걸려도 괜찮다. 중요한 건 많이 읽는 것이 아니라 제대로 읽는 것이다.
7	읽는 속도는 빠르지만, 다 읽고 난 후에 내용이 기억나지 않는다.	메모 독서법 4영역*에 대해 독서 노트를 작성한다.

8		책을 꾸준히 읽는 습관을 가지지 못한다.	쉬운 책을 매일 20분 정도 읽을 수 있도록 강제적으로 계획한다.
9		책에서 읽었던 내용이 기억나지 않는다.	좌절할 필요 없다. 누구나 그렇다. (적자생존! 독서 노트를 적는 자만이 살아남는다.)
10		왜 책을 읽어야 하는지 모르겠다.	독서 동기가 부족하다. 동기를 불어넣어줄 수 있는 책[**]을 읽어본다.

면서 즐거움을 얻기도 하고, 학생들 수업 자료를 만드는 데도 도움을 받을 때가 있거든. 하지만 편의성과 즐거움에 익숙해지는 만큼 문자와 멀어지게 되고, 판단력도 낮아지는 등 문해력이 엄청나게 떨어질 수 있다는 점을 경계해야 해. 그런 문제 때문인지 스마트폰과 앱으로 엄청난 부를 쌓은 실리콘 밸리의 연구원들은 정작 자기 자녀에게는 디지털 기기를 철저하게 금지시킨다고 해. 디지털 기기가 어떤 문제를 일으키는지 누구

●메모 독서법 4영역: 날짜, 도서명(저자명), 필사하고 싶은 부분, 필사하고 싶은 이유.
● ●《나는 공부 대신 논어를 읽었다》(김범주), 《책 잘 읽는 방법》(김봉진), 《닥치는 대로 끌리는 대로 오직 재미있게 이동진 독서법》(이동진) 등.

보다 잘 알고 있기 때문이겠지.

물론 시대는 변화하고 있기 때문에 무조건 스마트폰을 보는 행위는 좋지 않다. 영상매체나 SNS를 금지해야 한다는 말은 아니야. 문제없이 잘 활용하는 사람들도 많이 있고, 또 전자기기 없이 살아가기는 쉽지 않거든. 가장 중요한 것은 디지털 시대를 대하는 마음가짐이 아닐까 생각해. '디지털 아니면 아날로그'와 같은 이분법적인 사고가 아니라, 두 가지를 적절히 잘 활용할 수 있는 태도 말이야. 그리고 실질적 문맹에서 벗어나기 위해서 나는 무엇을 해야 할지 고민해본다면 지금보다는 훨씬 나은 모습을 기대할 수 있지 않을까?

1. 속독과 정독, 너를 알기 전에 나부터 알자

어느 날 점심시간이었어. 평소 나에게 전혀 말을 걸지 않고 살짝 목례만 할 정도로 데면데면한 학생이 그날은 먼저 다가와 조심스럽게 묻더라고.

"선생님, 저도 다른 아이들처럼 짧은 시간에 책을 많이 읽고 싶은데 방법이 없을까요? 그리고 책을 많이 읽으면 문해력이 정말 좋아지나요? 국어 점수도 올라가나요?"

며칠 전 어떤 선생님께서 한 학생에 대해 부탁했던 일이 떠올랐어.

"선생님, 점심시간에 학생 한 명 보낼게요. 제가 확인해보니 책 읽기를 제대로 해본 적이 없어서 독서 수준이 많이 낮아요. 그 학생 수준에서 쉽고 재미있게 읽을 수 있는 책 몇 권 추천해주시면 좋을 것 같아요."

내게 말을 걸어온 학생이 바로 선생님이 부탁한 그 학생이었지. 그런데 학생의 독서 수준이 높지 않으니 좀 쉬운 책을 추천해주면 좋겠다는 담임 선생님과의 말과는 다르게, 그 학생의 눈높이는 '많은 책을 빨리 읽어 문해력까지 단번에 높이는' 수준으로 한껏 올라가 있었어.

의욕은 좋아. 하지만 문제는 그게 쉽지 않다는 거지. 문해력이라는 것이 단번에 길러지면 얼마나 좋겠냐마는 그렇지 못하니까. '빨리', '많이'의 마음으로만 독서에 접근하면 '책 몇 권을 큰맘 먹고 시간 내서 읽어봤는데 국어 점수가 안 오르는 거 보니 독서한다고 문해력이 좋아지는 것도 아니구나!' 하고 오해하기 쉬워. 그러다 독서에 대한 마음을 영영 내려놓을 수도 있거든.

'사실은 나도 사흘이 4일인지 알았어!'라며 마음속으로 자신의 문해력 수준에 대해 수줍은 고백을 하고 있을 너희들. 독서를 좋아하진 않지만 그래도 낮은 문해력을 끌어올리고 싶어서 도서관에 기웃거리

는 너희들에게 물을게. 문해력을 높이기 위해서는
어떤 방식으로 책을 읽는 것이 좋을까?

단순히 빨리 읽는 것은 이제 그만

속독(速讀)은 예전에는 책을 훑어보는 것을 이르던 말이야.
책을 천천히, 그리고 자세히 읽는 정독(精讀)에 대비해서 주로
쓰는 말이었지만, 요즘에 말하는 속독은 단순히 책을 빨리 읽
는 행위(fast reading)를 가리키지. 즉 전체의 글을 꼼꼼히 다 읽
는 것이 아니라 문장이나 문단 단위로 끊어서 읽고, 보통보다
빠르게 머릿속에서 단어의 뜻을 불러와 인식함으로써 글의 내
용을 금방 정리하는 읽기 기술을 말해.

속독을 익히면 200~300페이지 분량의 소설도 1시간 이내에
독파가 가능하고, 만화책은 10분 내외면 한 권을 다 읽을 수
있다고 해. 율곡 이이 선생의 책을 읽는 방법으로 알려진 '일목
십행(一目十行)'도 한 번에 10줄씩 읽을 수 있는 '속독의 기술'을
의미하지. 그 당시 왕가와 양반가의 당연한 독서법이었다니,
독서가들에게 속독이 얼마나 부러운 능력이었는지 짐작해볼

수 있어.

하지만 이런 속독은 뛰어난 사람만 갖는 특별한 능력이라기보다 단순히 많이 읽다보면 습득할 수 있는 기술이라고 보는게 좋을 듯해. 물론 한때는 속독 자체를 선택받은 능력이나 천재라면 기본적으로 가지고 있는 스킬로 생각하기도 했지. 왜냐하면 수능에서 국어 만점을 받은 친구들의 지문 속독법이꽤 조명을 받았었거든. 그 친구들은 문장을 다 읽지 않고 단락 전체만 훑어보고서도 빠른 시간 내에 핵심을 파악할 수 있다고 했어. 발문을 통해 본문의 내용을 유추하며 중요 단어에집중한 덕분인데, 빨리 읽어야 주어진 시간 내에 문제를 풀 수있는 수능 국어 영역에 딱 어울리는 기술이었지. 앞서 말한 친구가 나에게 SOS를 치며 '많은 책 읽기'를 하면 '문해력'에 도움이 되어서 '국어 점수'를 잘 받을 수 있는지 질문했던 것은,아마도 이 속독의 장점을 염두에 두었기 때문이라고 생각해도되겠지.

하지만 책을 읽는 데에 있어서, 특히 문해력을 높이는 데 있어서 속독은 좋은 점보다 나쁜 점이 더 많아. 제대로 속독을하려면 내 머리가 글을 불러오는 속도와 읽는 속도가 맞아서글을 정확히 인지해야 하는데, 주위를 둘러보면 그게 되는 사람들은 별로 없거든. 그냥 글자만 읽어내는 수준으로 흉내만 내는 사람이 많아. 그런 식으로 속독이 진행되면 전혀 이해되지 못한 문장인데도 불구하고, 그 줄을 읽었다고 생각하고 그냥 넘어가게 되지. 그럼 분명히 책을 읽었는데도 본문 내용과 머릿속에 남은 부분이 다른 경우가 생길 수 있어. 게다가 이해하지 못하고 넘어간 부분은 나중에 '엥? 이런 내용이 있었나?' 할 정도로 제대로 기억하지 못하는 경우가 대부분이지. 이런 식의 속독이 습관화되면 책을 읽어도 입력된 정보가 많지 않고, 또 기억에 남은 부분도 잘 조합되지 않아 책에 대한 이해도가 떨어지게 되지. 그럼 책 읽는 것 자체에 대해 어려움을 겪게 되고 말이야.

물론 속독은 분명한 장점이 있어. 짧은 시간에 많은 양의 책을 읽을 수 있다는 건 큰 장점이지. 하지만 속도에 중점을 두다보면 천천히 문장과 내용을 곱씹으면서 느끼게 되는 감동 등을 놓치기 쉽고, 결국 독서를 통해 얻을 수 있는 깊이 있는 감상을 기대하기는 어려워. 특히 소설이나 수필처럼 같은 내용이라고 하더라도 표현 방식에 따라 천차만별이 되는 글을 읽고 감상하는 데는 더더욱 부적합해. 이런 글들은 찬찬히, 자세히 읽어야만 그 묘미를 충분히 느낄 수 있거든.

'그리스인 조르바'가 난봉꾼으로 보이는 이유

　핵심만 짚듯이 문장이 아닌 단락을 통째로 읽어내는 속독으로, 니코스 카잔차키스의 《그리스인 조르바》를 읽었다고 가정해보자. 빠르게 내용만 파악하느라 주인공 '조르바'의 내면을 제대로 살피지 못하면 '양고기와 포도주를 실컷 먹고 마시며 기쁨의 춤을 추면서 악기 '산투르'를 연주하고 평생 수많은 여자나 꼬시는 '난봉꾼'의 이야기인데, 이게 어떻게 고전 명작에 들어가 있지?'라고 얘기할 수 있을 거야. '아무리 봐도 이렇게 말도 안 되는 인물이 어딨으며, 이런 정신 나간 사람에 대한 이야기가 어떻게 세계 명작의 반열에 오를 수 있냐'고 의문을 갖기도 하고 말이야.

　하지만 이 책은 줄거리보다 조르바라는 인물을 통해 심오하고 철학적인 관점에서 인간 내면의 자유를 표현했다는 점에서 꽤 높이 평가받는 고전이거든. 프리드리히 니체가 말한 위버멘슈(Übermensch)● 자체가 바로 조르바이기 때문이지. 천천히,

---

● 허무주의적 인간을 넘어서는 자기 입법적 또는 자기 명령적 존재를 가리키며 니체가 사용한 말. '넘어'를 뜻하는 독일어 전치사 '위버(Über)'와 인간을 뜻하는 '멘슈(Mensch)'의 합성어로서, 보통 초인(超人)으로 번역된다. (출처: 네이버 국어사전)

자세히 읽으며 인물의 내면을 이해하고 공감하면서, 길들여지지 않은 날것의 인간 조르바에게 깊은 매력을 느껴야 이 소설이 왜 고전인지 이해할 수 있어. 제대로 읽지 않으면 소설의 맥락, 주인공의 심리나 행동에 공감할 수가 없으니 '저런 난봉꾼에 망나니가 어디 있나!' 하며 욕할 수밖에 없지.

속독은 책의 전체적인 내용을 간략하고 빠르게 파악하는 데는 좋은 방법일지 몰라. 하지만 책은 생각의 도구라는 점을 고려했을 때, 빨리만 읽다보면 무언가를 사유하고 깨달을 시간이 부족하기에 되도록 피해야 할 읽기 방법이라는 생각이 들어. 생각의 성장을 이끌지 못하는 독서는 그저 시간을 낭비하는 행위일 수 있거든. 속독은 영혼 없이 정보만 간단히 습득해도 되는 제품 사용설명서를 읽을 때 혹은 서점에서 구매를 결정하기 위해 내용을 빠르게 훑어볼 때만 주로 사용하는 걸로!

'숙련된 독서가'가 아니라면 다독

읽기의 방식은 여러 가지가 있는데, 그중에서 다독(多讀)과 정독을 두고 어떤 것이 바람직한 읽기냐는 질문을 하는 사람들이 많지. 사실 무엇이 더 좋은지, 정해진 답은 없어. 사람마다 선호하는 읽기 방식이 다르거든. 학계에 의하면 책을 읽는 방법은 흔히 독서의 목적에 따라 달라진다고 해. 하지만 나는 너희들이 '숙련되지 않은 독서가'인가 아니면 '숙련된 독서가'인가에 따라, 적합한 읽기 방식을 추천해주려고 해.

먼저 가슴에 손을 얹고 (나는 지금까지 취미에 '독서'라고 쓴 적이 많았지만) '나는 숙련된 독서가는 아니다'라고 고백한다면, 그 학생에게는 다독을 추천할 거야. 다독은 한자 그대로 많은 책을 읽는 것을 말하는데, 얕지만 넓게 읽는 것을 의미한다고 생각하면 쉽지. 숙련되지 않은 독서가는 현재 책을 읽는 행위 자체에 취약하고, 아직 좋아하는 분야의 책을 찾지 못한 관계로 독서에서 큰 즐거움을 느끼는 상태와는 동떨어져 있다고 볼 수 있어. 책을 보면 그저 졸립고 독서가 큰 숙제처럼 부담스럽게 다가오는 사람, 그런 사람들은 다양한 분야의 '쉬운' 책을 읽는 게 좋아. 우선 흥미부터 가져야 하니까.

그럼 쉬운 책이란 뭘까? 모르는 어휘나 표현이 나와도 그냥 유추해서 뜻을 가늠하는 정도로 넘어가도 되는, 세부 사항을 꼼꼼하게 확인하지 않아도 일반적인 의미를 따라가며 읽을 수 있는 책이야. 이 정도 수준의 글들을 많이 읽으면 잘 몰랐던 어휘나 표현들도 자주 접하면서 문맥상에서 자연스럽게 이해할 수 있게 돼. 그렇게 한 권의 책을 읽어내는 과정에서 완독의 성취감을 느끼다보면, 자신이 독서를 잘할 수 있는 사람이라는 자신감을 갖게 되는 거지.

다독은 흥미 위주의 쉽고 다양한 분야의 책을 읽는 것이라고 생각하면 편한데, 일단은 가벼운 소설부터 시작해보자. 우선 《회색 인간》같이 호흡이 길지 않고 짧고 재미있어서 다음 소설이 기대되는, 기발한 상상력의 단편집을 추천해. 동네 골목의 작은 편의점을 배경으로 인생의 희로애락을 따뜻하게 그린 소설 《불편한 편의점》이나 열여덟 애늙은이 아들과 서른넷 철없는 엄마의 이야기를 다룬 소설 《보통의 노을》같이 문장이 읽기 편하고 스토리가 재미있는 책도 좋아. 상상력을 토대로 흥미롭게, 따뜻한 마음을 전해주는 요시타케 신스케 작가의 《있으려나 서점》과 같은 그림책들도 좋고.

몇 권을 읽었는지는 중요하지 않아

문유석 판사가 쓴 《쾌락독서》를 보면, 진짜 독서의 즐거움을 느낄 수 있게 된 '유쾌한 다독'에 대해 이야기해. '열심히 하는 사람은 즐기는 사람을 당할 수 없다'는 말이 있잖아. 그는 독서 역시도 재미있어서 하는 사람을 당할 수 없다고 말하지. 세상 모든 것에는 배울 점이 있다면서 '성공', '입시', '지적으로 보이기' 등등 온갖 실용적 목적을 내세우며 '엄선한 양서' 읽기를 지양하자고 해. 독서란 원래 즐거운 건데 책을 신비화하며 공포 마케팅을 하고 있다는 거야. 저자는 '필독도서'에 '필' 자만 들어도 상상력이 나가떨어지는 기분이 든다고 하는데, '세상에 의무적으로 읽어야 할 책 따위는 없다. 그거 안 읽는다고 큰일 나지도 않는다'라는 명언도 남기지.

독서에 대한 다양한 생각을 알고 싶다면, 이 책을 추천해. 저자가 사춘기 시절 야한 장면을 찾아 읽다가 한국문학전집을 접하게 된 사연이나, 고시생 시절 만화 《슬램덩크》가 안겨준 뭉클함에 대한 고백 등 자신의 방식대로 다양한 책에 접근하며 읽고 싶은 책만 읽어온 독서담이 가득하거든. 그의 이야기를 듣다보면, 나도 모르게 손에 잡히는 대로 읽고 싶은 마음이 들기 시작할 거야.

하지만 다독에서도 주의해야 할 부분이 있어. 내가 '몇 권'을 읽었는지, 성과에만 집착할 수 있다는 점이지. 바로 내가 그랬거든. SNS에 애플리케이션으로 기록한 독서 책장을 올린 사람들을 보면서 '나도 한번 해볼까?' 하고 따라하기 시작한 것까지는 아주 좋았지. 문제는 다음이었어. 독서 앱은 하나의 책을 완독하면 캘린더에 그 책의 표지가 딱 실려서 한 달에 몇 권 읽었는지를 한눈에 파악할 수 있거든. 그렇게 한 권 두 권이 쌓이다보니 어느 순간 욕심이 생기는 거야. '나 한 달 동안 이렇게 많은 책을 읽는 사람이야!' 하고 읽은 책들을 자랑하고 싶은 욕심. 결국 읽은 것들을 까먹지 않게 기록하는 독서 애플리케이션이 캘린더를 멋지게 장식하기 위한 과시 수단으로 변질되었지.

'그래도 많이 읽으면 좋은 거 아니에요?'라고 누군가는 물을 수 있겠지만, 독서가 과시나 자랑의 수단이 되어버리면 읽는 과정 자체에는 의미를 두지 않게 되지. 그 때문에 빠르게 많이 읽었어도, 결국 남는 것은 없는 상태가 될 수 있어. 속독의 위험성을 고스란히 안게 되는 거야. 그렇기에 숙련되지 못한 독서가 다독을 시작하며 독서에 취미를 가지려 할 때에는 항상 목적이 무엇인가를 생각해야 해. 많고 다양한 독서를 통해 지식과 지혜를 쌓으려고 책을 읽는 거지, 많고 다양한 책을 읽는 것 자체가 목적은 아니니까. 그럼에도 다독은 강추야. 목적이 변질되는 등의 부작용만 잘 경계할 수 있다면, 다독은 동서고금을 막론하고 가장 좋은 학습법으로 알려져 있다는 것 잊지 마.

정독을 하면 문해력은 그냥 따라오지

정독은 글의 표면적인 의미뿐 아니라 함축된 의미를 이해하기 위해, 어휘나 표현 등을 자세히 살펴보며 내용을 생각하고 따지는 '집중 읽기' 방식을 말해. 막 책을 읽기 시작해서 이제 좀 재미를 붙이려는 사람에게 정독을 추천하면, 아마도 대부분 독서의 즐거움에서 멀어질 거야. 꼼꼼하게 자세히 읽어야 하는 책들은 어휘나 표현, 개념이 어려운 경우가 많기 때문이지. 초보 독서가들에게 사전이나 자료를 찾으면서 책을 읽어야 한다고 권하면, 또 다른 학습의 과정처럼 느끼고 지레 포기할지도 모르지.

그래서 정독은 '숙련되지 않은 독서가'가 다독하면서 책에 대한 즐거움을 느낀 후, 자신의 독서 취향을 잘 파악해 좋은 책들을 스스로 고를 수 있는 '숙련된 독서가'로 발돋움하고자 노력하는 단계에서 추천하고 싶어. '책의 첫 문장을 왜 이렇게 시작했을까?', '이 인물이 지금 등장한 이유는 무엇일까?'처럼 글에 담긴 문학적 장치를 알아차리기 위해서는 필요해. 그리고 그런 정독이 습관화되었을 때 공명(共鳴)●의 마음이 저절로 생기는 것은 물론, 글에 대해 깊이 있게 이해하는 수준까지 올라갈 수 있어.

정독으로 인해 공감 능력과 추론 능력이 올라가게 되면 문해력은 그냥 따라오는 거야. 다른 사람들에 비해 많은 어휘와 정보를 처리할 수 있고, 생각을 깊게 하며, 나만의 근거를 찾는 일에 대해 훈련하는 '숙련된 독서가'도 되는 거고. 물론 각자 나름의 읽기 방식이 있기 때문에 정독만이 최고의 방법이자 가치라고 볼 수는 없어. 하지만 우리가 바라는 '독서로 인해 내 삶의 모습을 변화시키고 싶다'라는 궁극적 목표를 고려한다면 정독만큼 적합한 방식도 없을 거야. 그러니 우리는 정독하기 위해 내공을 쌓아가야 해. 우선은 다독부터 하면서 '숙련되지 않은 독서가'에서 벗어나는 걸로.

●다른 사람의 사상이나 감정, 행동 등에 공감하여 자기도 그와 같이 따르려 함을 의미한다. (출처: 표준국어대사전)

깊게 읽을 때만 만날 수 있는 '나'

내가 정독에 대한 마음가짐을 다잡고 싶을 때 읽는 책이 있어. 바로 박웅현 작가의 《책은 도끼다》라는 책이야. 저자는 우리의 사고와 태도에 변화를 주기 위해서는 많이 읽는 것보다 깊게 읽는 것이 중요하다고 말해.

그리고 다양한 분야의 책들을 깊이 있게 들여다보면 '보는 눈'을 가지게 되고 사고의 확장을 이룰 수 있다고 설명하지. 또 저자는 얼어붙은 감성을 부수는 '도끼'와 같은 책들을 정독하는 것이 좋은 독서이며, 그런 책 읽기를 통해 자신의 삶이 풍요로워졌음을 고백해.

사실 처음 이 책을 읽고 나서 굉장히 놀랐던 기억이 나. 무엇보다 저자가 책을 통해 얻은 것을 자신의 삶과 지식, 지혜에 적용하기 위해 깊이 사색하는 것이 느껴졌어. 하나의 단어, 한 문장도 허투루 읽지 않고 작가가 의도한 의미를 찾아내려는 태도. 왜 그것이 중요한지, 내 삶에 어떻게 접목해볼 수 있는지 치열하게 고민하는 모습. 이런 점들을 그의 독서 습관에서 확인할 수 있었어. 정독의 표본이라고 볼 수 있는 거지. 그의 독서량은 (독서의 고수라 불리는데도 불구하고) 한 달에 세 권 정도래. 한 문장 한 문장에 자신의 생각을 꾹꾹 눌러 담으면서, 자신의 통찰력을 통해 그 깊이를 더해가는 독서를 하기 때문이지.

그럼 어떤 책을 정독하는 것이 좋을까? 우리가 읽기 어려웠던 책을 떠올리면 아마 쉬울 거야. 촘촘한 논리 구조를 따라가기 힘들었던 철학서나 한 번 읽고 또다시 읽어도 이게 왜 명작인지 모를 것 같았던 인문 고전이 그런 책이겠지. 소설이나 동화처럼 감정의 흐름에 따라 읽어야 하는 도서의 경우 정독이 오히려 방해될 수 있다는 주장도 있어. 줄거리나 주인공 내면의 흐름을 따라가야 하는데, 거기에 계속 자기의 생각을 더해가면서 읽다보면 흐름을 놓칠 수도 있다는 거야. 하지만 시대적 배경과 맥락을 살피며 읽어야 하는 소설이라면 정독이 더 도움이 될 수 있어.

예를 들면 일제 강점기 시대의 하와이를 배경으로 한 《알로하, 나의 엄마들》과 같은 소설이 그래. 이런 책은 역사적 배경과 연관된 정보들을 함께 공부하며 읽으면 훨씬 더 풍요로운 독서를 할 수 있지. 우선 작품 속 인물인 '버들'이 하와이로 떠나기 전에 살았던 경상도 김해의 작은 마을 풍경을 통해 일제 강점기 당시 사람들의 생활상을 만날 수 있어. 이후 버들이 하와이로 이주했을 때는 지도자에 따라 파가 갈려서 갈등을 빚던 상황도 볼 수 있지. 나의 경우 본국이 아닌 남의 나라에서 독립운동을 하는 독립운동가 가족의 모습을 머릿속에 꾹꾹 눌러 담으면서 역사 속에서 가족, 여성, 엄마란 무엇인가에 대해 곱씹기도 했어.

그저 재미로 쭉쭉 읽으면 될 것 같은 소설들도 저자가 의도한 상황들을 생각하며 정독을 하면, 여러 생각들을 펼쳐보는 나의 모습을 발견하게 돼. 이것이 바로 정독이 주는 의미이고 기쁨일 거야. 우리가 책을 읽는 이유이기도 하고.

여러 가지 읽기 방법에 대해 이야기했지만, 사실 어떤 방법이든 장점이나 단점이 명확하기 때문에 무엇이 좋다 나쁘다를 정확하게 가를 수는 없어. 모두 현대 사회에서 똑똑하고 지혜롭게 살아가기 위한 나름의 읽기 방식이거든. 하지만 이것만은 명심해야 해. 눈앞에 있는 글만 생각 없이 빠르게 읽어내는 '흉내 독서'로는 어떤 의미도 찾을 수 없고, 마음속에서 아무 불꽃도 일으킬 수 없다는 사실을 말이야. 생각의 성장을 이끌지 못하는 독서는 문해력에 전혀 도움이 되지 않을뿐더러 그저 시간을 낭비하는 행위일 뿐이라는 것도 말이야.

2. 책 고르기, 이제 그만 솔직해질 시간

고3 학생들에게 독서 수업에 대한 수행평가 내용을 안내할 때였어. 나는 '학생이라면 모름지기 한 학기 한 권 읽기 정도는 해야 하지 않겠니?'라는 독서 영업의 기운을 내뿜으며 수행평가 계획을 이야기했어. 고개를 끄덕이며 호응해주는 학생들도 있었지만, 얼굴에 불만 가득한 학생들도 눈에 띄었지. 그때 한 친구가 어이없다는 듯이 이렇게 말했어.

"당장 코앞이 수능인데 독서를 하라고요?"

나의 잔소리는 결국 독한 말로 끝을 맺었지.

"수시도 정시도 중요하지만, 일주일에 1시간도 책을 읽지 않는 사람에게는 미래가 있을 수 없어."

공부든 독서든 동기 부여가 가장 중요해

당장 코앞의 시험 점수에서 자유로울 수 없는 너희들의 입장도 이해하지 못하는 바는 아니야. 하지만 일주일에 1시간도 독서하지 않는 사람의 미래에 대해서는 '글쎄…'라는 말이 절로 나올 수밖에 없는 거야. 처음에는 그냥 책을 읽기 싫어서 반항하는 건가 싶었는데, 곰곰이 생각해보니 그 학생에게는 책을 읽어야 할 '이유'가 없기 때문이라는 결론을 내렸어. 바꿔 말하면 왜 독서를 해야 하는지 스스로 물어본 적이 없는 거지. 그러니까 독서에 대한 동기 부여도 되지 않은 거고. 맞아! 무슨 일이든 동기만큼 중요한 건 없지. 공부든 독서든 간에.

'피할 수 없다면 즐겨라!'라는 너무 익숙한, 하지만 정작 실천하기는 어려운 마음가짐을 소개하는 《이토록 공부가 재미있어지는 순간》이라는 책이 있어. 이 책의 저자는 집 근처에 학원 하나 없고 사방이 산과 바다로 둘러싸인 시골에서 학창 시절을 보냈어. 중학교 때까지는 TV와 게임에만 빠져서 공부와는 담을 쌓고 지냈대. 그러다 어느 날 문득 '난 지금 뭐 하고 있는 거지?' 하는 허무하고 답답한 마음이 들어, 태어나 처음으로 진지하게 자기 인생에 대해 고민했대. 하지만 자기가 살았던 시골에는 반전의 드라마를 써줄 뾰족한 방법이 없었다고 해.

환경의 도움을 받을 수 없으니 결국 믿을 것은 자기 자신뿐. 그래서 스스로 마음을 다지고 꿈과 목표를 좇는 절실함을 품었대. 공부하는 '이유'와 '의미'에 대해서 집요하게 생각하기 시작한 거지. 결국 그는 공부라는 건 외부의 환경이 아닌 마음먹기에 달려 있다는 결론을 내리고, '내 인생이 귀하니까, 내 인생에 미안하지 않도록 공부를 시작해야지!'라고 생각했어. 자신의 인생이 엎질러진 물인 줄로만 알았던 저자가 자기 인생에 대해 진지하게 고민하고, 또 공부에 대한 동기 부여를 시작하니 어떤 결과가 찾아왔을까?

자기가 뭘 하고 싶은지, 왜 잘하고 싶은지 자신의 마음을 잘 들여다볼 수 있게 되었고 힘들 때마다 그런 마음들을 떠올리며 노력하면서 결국 성장하게 되었대. 한 번뿐인 자신의 인생을 의미 있는 시간들로 채울 수 있게 된 거야. 독서에 대한 동기 부여 얘기를 하다가, 왜 갑자기 공부 이야기를 꺼내냐고? 저자가 '내가 왜 공부를 해야 할까?'라는 고민을 하고 그에 대한 답을 찾는 과정에서 마음의 힘이 강해지고 멋진 인생을 꽃 피워냈잖아. 그처럼 독서 또한 '왜 독서를 해야 할까?'에 대한 동기 부여만 제대로 된다면, 독서의 과정을 어렵고 힘든 일이 아니라 보람차고 의미 있는 일로 받아들일 수 있게 되거든. 그리고 결국 나의 마음과 인생이 풍요로운 삶으로 점프할 수 있게 되거든.

독서가 자기효능감과 무슨 관계가 있냐고?

독서를 하면 뭐가 좋을지 생각해볼까? 솔직히 말하면 국어 지문에 딸린 문제를 푸는 데에는 아주 약간의 도움이 될지 모르겠지만, 독서 자체가 너희가 기대하는 것처럼 일류 대학에 가거나 사회적으로 유망한 직업을 갖는 일에 즉각적으로 효력을 발휘하지는 못할 수도 있어. 하지만 실망은 금물! 대신 더 크고 중요한 것을 독서를 통해 얻을 수 있으니까 말이야. 인생을 살아가면서 네가 맞닥뜨릴 여러 문제들과 관련해, 그 문제를 제대로 파악하고 지혜롭게 해결할 수 있는 힘을 다양한 분야의 책을 통해 배우고 기를 수 있거든.

자기효능감이란 말, 들어봤지? 어떤 상황에서 자신이 적절한 행동으로 문제를 해결할 수 있다고 믿는 마음을 자기효능감이라고 하잖아. 심리학자들은 자기효능감이 우리가 기울이는 모든 노력의 영역에 영향을 미친다고 강조할 만큼 중요한 능력인데, 이 자기효능감을 키우는 데 있어 독서만큼 효과적인 것이 없어.

우선 책을 읽다보면 그 책에 담긴 메시지나 의미에 대해 고민하게 되잖아. 그 과정에서 자연스럽게 생각하는 힘이 길러지는데, 이는 곧 문제 해결력이 발전하는 것이라고 볼 수 있어. 문제 해결력을 지닌 사람은 예상치 못한 상황을 만나더라도 당황하지 않고 해결책을 찾아낼 수 있고, 이런 경험이 쌓이면 그만큼 자기효능감은 더욱 올라가겠지.

또 독서의 과정 자체도 자기효능감을 키우는 데 도움이 돼. 네가 직접 책을 고르고 읽는 것에 계속 도전하다보면, '이거 재미있는 책이었네?', '와! 내가 책 한 권을 읽을 수 있는 능력이 있는 사람이구나!' 같은 성취감이 느껴지고 이게 자기효능감으로 이어지는 거지. 그럼 새로운 것에 도전하고자 하는 용기가 솟아나면서 '선생님이 그 책 재미있다고 하던데 한번 읽어볼까?' 하는 마음도 생겨나. 그리고 또 도전에 성공하면 자기효능감은 더욱 강해지지. 이렇게 얻은 자기효능감은 단지 독서의 영역에 그치지 않고, 거의 대부분의 영역에서 네가 하고 싶은 일을 더 잘할 수 있게, 자신감을 가질 수 있게 만들어줄 수 있어. 물론 애벌레가 나비가 되는 것처럼 몸 자체를 바꿔서 새로운 삶을 살지는 못하겠지만, 살아가면서 새길 삶의 무늬는 멋지게 바꿔볼 수 있는 기회를 얻게 되는 거지.

"애들아, 읽고 싶은 책 서가에서 한번 골라볼까?"

이런 질문에 짝꿍처럼 따라오는 대답이 있어.

"선생님, 제가 책을 잘 못 읽어서요."

왜 이런 반응이 나오냐면, 여러 이유로 글을 읽는 일에서 반복적으로 실패하면서 읽기 능력에 대한 자기효능감이 저하된 상태이기 때문이지. '나는 책을 잘 읽지 못하는 독자'라는 부정적 개념이 형성되어 있다보니 용기를 내볼까 하다가도 지레 포기하게 돼. '전 책이랑 거리가 멀어요'라고 단정 짓고, 서점이나 도서관은 자신에게 어울리지 않는 어색한 장소로만 느끼는 거야. 하지만 걱정하지 마. 읽기에 대한 자기효능감은 얼마든지 키울 수 있으니까 말이야. 그리고 독서를 통해 기른 자기효능감은 인생 전반에 걸쳐 큰 힘을 발휘할 수 있지.

독서는 책의 지식을 전해주고, 즐거움을 주고, 간접 경험을 통해 공감 능력을 기르게 할 뿐만 아니라 우리가 스스로를 믿고 자신감을 갖게 해주는 거야. 전반적인 우리의 삶에 관여한다고. 그렇기 때문에 강조하지 않을 수 없지.

두껍고 어려운 책에 대한 동경 버리기

"독서를 하고는 싶은데 스트레스를 받아서 1시간도 못 읽고 30분에 2~3쪽밖에 못 읽어요. 저만 그래요? 도대체 무슨 병인지, 어떻게 하면 치료가 되는지 알려주세요!"

네이버 지식iN에서 쉽게 볼 수 있는 고민이야. 독서를 하고는 싶은데 '독서=스트레스'라서 고민하는 사람이 많은 거지. 그런데 말이야. 우리의 생각과 다르게, 독서는 오히려 스트레스 해소에 도움을 준다는 실험 결과가 있어. 영국 서식스대학교 인지신경심리학과의 데이비드 루이스 박사 연구팀의 연구 결과에 의하면, 책을 6분 정도 읽으면 심장 박동수가 낮아지고 근육의 긴장이 풀리는 것은 물론, 스트레스가 무려 68% 감소한다고 해. 고작 6분을 투자했는데, 스트레스는 68%나 줄어든다니 엄청나지 않아? 그런데 왜 지식iN의 고민자들처럼 독서와 스트레스를 동의어로 느끼는 사람이 많은 걸까?

책만 펴면 잠이 쏟아지는 사람이 많아. 그래서 자괴감이 들곤 하지. 남들은 다 잘 해내는 것 같은데 왜 나는 책 앞에서 이렇게 무너질까? 그건 독서에 대한 편견 때문이야. 특히 완독에 대한 강박, 쉽게 얘기하면 두껍고 어려운 책이 울림이 강할 것 같다는 무한한 동경이 문제야.

학생들이 3년간 읽어왔다고 기록해놓은 독서 포트폴리오를 볼 때마다 매번 놀라. 왜냐고? 도서 목록에 '읽기 벅찬 책'투성이거든. 나는 이런 책들을 '벽돌책'이라고 말해. 벽돌책 가운데에서 이공계열을 지망하는 학생들의 포트폴리오에 자주 언급되는 재레드 다이아몬드의 《총,균,쇠》라는 유명한 책이 있는데, 1만 3천 년 전 석기시대로 돌아가 인류 사회가 각기 다른 발전의 길을 걷게 된 원인을 설명한 책이야. 그 오랜 시간의 역사에 대해 설명하니 당연히 내용이 방대하겠지? 책 자체가 백과사전처럼 아주 두꺼워서 심리적 거리가 꽤 느껴져.

이렇게 어려운 책에 대한 도전? 당연히 멋지지, 충분히 응원해! 하지만 읽기에 벅찬 책이 무조건 울림이 강할 것 같다는 동경은 독서에 대한 흥미를 갖는 데에는 전혀 도움이 되지 않아. 앞서 인용한 문장의 친구를 봐. '무슨 병', '치료'의 수준까지 언급하잖아. 어느 정도 독서에 숙련된 사람이라면 어려운 책에 도전해볼 수 있지. 하지만 안 그래도 책에 대한 거부감을 갖고 있는데 그저 있어 보인다고, 남들이 읽으라고 추천하는 책이니까 도전하는 것은 금물이야. 독서에 대한 즐거움을 만끽하기도 전에 이미 괴로움부터 맛보는 꼴이니까.

하루는 서로 다른 시간을 사는 두 '은유'가 편지를 주고받으면서 벌어지는 이야기를 다룬 소설《세계를 건너 너에게 갈게》를 도서관에서 읽고 있었어. 시공간을 초월해 편지를 주고받는 과거의 은유와 현재의 은유가 시간이 가까워져오면서 서로의 존재를 알게 되는 그 순간, 정말 수도꼭지처럼 눈물이 터져 한 손에는 책을 들고 또 한 손으로는 얼굴 세수를 하며 펑펑 울고 있는 그 순간, 학생들이 도서관에 들이닥친 거야. 눈물이 그렁그렁한 채로 학생들에게 책 영업을 시작했지. 이러면 진정성이 배가되니까.

"선생님 지금 엉엉 운 거 보이지? 진짜 감동적이고 반전 장난 아니야, 선생님 믿고 꼭 읽어봐라!"

그때 돌아온 대답이 뭐였는지 알아?

"에이, 그거 청소년 소설이잖아요!"

"그럼 네가 청소년이지 어른이냐? 그리고 책에 청소년용, 어른용이 어디 있어. 재미를 느끼고 책 안에서 자신만의 의미를 찾으면 되지."

나는 나름의 반격을 해보았지만 내 말은 금세 무시당했어. 청소년 소설은 시시하다는 편견을 지닌 친구들도 많았고, 얇고 쉬운 책은 함량 미달이라고 여기는 친구들도 많더라고. 오기가 동반된 소심한 복수가 시작되었지. 그 이후에 독서 토론 주제 책은 모두 학생들이 '시시하다'고 생각하는 '청소년용' 도서로 채우기 시작했거든. 《유원》, 《천 개의 파랑》, 《허구의 삶》 등등. 반응이 어땠을 것 같아? 다들 굉장히 놀라워했어. 실제로 읽어보니 쉽고 재미있을 뿐 아니라, 삶에 대한 깨달음도 얻을 수 있었거든. 그러니까 함량 미달이라고 여겼던 책들에 대한 편견을 버리기 시작한 거야. 그 순간이 즐거웠으니까. 독서의 맛을 제대로 음미한 거지.

수준 높은 어려운 책을 '견디며' 읽어내는 것이 성공적인 독서는 아니야. 학년별 권장도서나 추천도서 목록이 반드시 그 나이에 이수해야 하는 필수 단계도 아니고. 물론 《이기적 유전자》나 《정의란 무엇인가》, 《사피엔스》같이 어려운 책을 잘 읽어내고, 내 삶에 또 다른 의미를 부여하며 책을 이해한다면 더할 나위 없이 좋겠지. 하지만 지금은 독서 자체를 즐겁게 만들 수 있는 책을 많이 만나야, 진짜 독서의 맛을 알고 즐길 수 있거든. 그럼 도대체 무슨 책을 읽어야 하냐고? 서식스대학교 루이스 박사의 말에 그 답이 있어.

"무슨 책을 읽는지는 중요하지 않다. 작가가 만든 상상의 공

간에 푹 빠져 일상의 걱정과 근심으로부터 탈출할 수 있으면
된다."

너희는 다양한 책 속에서 유영하면서 즐거움을 느끼면 돼.
무슨 책을 읽든 상관없다고. 거기에서 기쁨과 행복을 느끼면
그걸로 충분해.

서점이 아닌 도서관에서만 얻을 수 있는 것

많은 책 덕후들이 입을 모아 이야기하는, 책을 좋아하게
되는 방법이 있어.

"책은 빌려 보지 말고 사서 봐야 내 것이 된다."

우아한형제들의 김봉진 대표가 자신의 독서 노하우를 담은
《책 잘 읽는 방법》이라는 책에서도 '서점에서 책 사기'를 강조
하지. 서점에서 책을 고르는 경험과 제값을 내고 책을 사는 것
이 중요하다고 생각하는 거야.

나도 그런 경험이 중요하다고 믿기 때문에 도서부 동아리 학
생들에게 한 학기에 한 번은 북카페나 서점에 가서 직접 책을
읽고, 그 자리에서 자신이 고른 책을 사도록 하지. 그래야 지

식의 가치를 소중하게 여길 수 있으니까. 하지만 나는 사실 서점보다 도서관을 훨씬 선호하고 추천해. 자주 책에 둘러싸여 있는 경험이 직접 그것을 구입할 때의 가치보다도 더 크고 중요하다고 생각하거든. 서점은 매번 갈 수 없잖아. 하지만 도서관은? 학교에 가면 학교 도서관이 떡하니 자리잡고 있지. 또 집에 가는 길에도 동네 도서관이 있는 경우가 많고 말이야. 애쓰지 않아도 늘 만날 수 있는 도서관은 서점에 비해 접근성이 정말 좋은 곳이야. 비단 접근성 외에도 다양한 장점이 있지.

우선 도서관은 비용이 들지 않는다는 점이 맘에 들어. 서점에서 책을 들춰보다가 괜찮은 것 같아서 사 왔는데, 집에 와서 읽어보니까 '소장용은 아니었네'라며 실망했던 적도 있을 거야. 이럴 땐 책값도 아깝게 느껴지지. 그런데 도서관에서 책을 빌려올 때는 그런 리스크가 없잖아. 마음에 안 들면 반납하면 그만이니까. 그렇게 도서관에서 책을 고르고 대출하고 '내 스타일이 아니네'라며 반납하고 또 다른 책을 빌려오는 과정을 통해 나에게 맞는 책과 좋은 책, 재미있는 책과 필요한 책을 고르는 안목이 생기는 거야. 설사 조금 읽고 반납했다고 해서 '이번 책도 실패'라고만 할 수 없는 게, 그 과정을 통해 책을 파악하고 또 나를 파악하는 시간을 갖게 되거든. 메타인지 측면에서 보면 나에게 맞는 책을 선택하는 하나의 중요한 과정인 셈이지.

도서관에서 책 제목과 표지를 구경하는 것도 책에 대한 관심을 갖게 만드는 측면에서 큰 역할을 한다고 생각해. 자꾸 보다 보면 꺼내서 읽어보고 싶어지거든. 마치 디저트 가게에 들러서 예쁜 쿠키나 먹음직스러운 케이크를 보면 얼른 맛보고 싶은 것처럼 말이야. '신간 서가에 가보니 이런 제목의 책도 있네!', '진로도서 서가에 가보니까 내 진로랑 관련된 책이 있어. 궁금한걸?' 같은 생각들이 샘솟는 거야. 그 외에도 총류나 예술, 자연과학 등 전문적으로 분류된 체계를 통해 머릿속에 새로운 책들을 각인시키게 되지. '다음에는 이런 책도 한번 읽어봐야겠다', '저 책 제목이 재미있는데?' 같은 생각을 하면서 책에 대한 호기심을 갖게 되는 거야. 또 문학 서가에서는 저자 기호 분류를 사용하다보니 같은 작가의 책이 쭉 진열되어 있어 한눈에 살펴보는 게 가능하거든. '이 작가 책이 이렇게 많았나?' 하면서 다음에 읽을 책을 연쇄적으로 생각하다보면 독서에 대한 욕구가 더욱 커지기도 해.

"선생님, 제가 읽고 싶은 책을 다른 사람이 이미 대출했어요."

이럴 땐 어떻게 해야 할까? 맞아, 도서관 예약 시스템을 이용하면 돼. '당장 읽고 싶어요!'라고 말하는 학생들도 있었지만, 예약 시스템을 이용하는 학생들로부터 발견한 점이 하나 있어. 예약하고 기다리는 시간을 통해 그 책에 대한 애정이나 독서에 대한 열정이 더 생긴다는 것. 원래 가지지 못한 것은 더 갖고 싶고, 없으면 더 보고 싶고 궁금하고 그런 거잖아. 즉 예약 도서를 기다리는 동안 독서에 대한 주체적인 자세를 갖게 되는 거지. 그런 자세는 등 떠밀어도 안 되고 돈을 줘도 안 되거든. 그래서 독서에 대한 적극성을 갖고 호기심 가득한 눈으로 책을 바라볼 수 있는 것은, 도서관에서만 가능하다는 생각이 들어. 그런 시선을 가지고 있다면 책과 책 속의 지식 자체를 소중히 여기게 되고, 또 소중한 가치라면 당연히 오래도록 품고 있고 싶겠지? 이 모든 걸 통틀어 보았을 때 도서관에 있는 자체만으로도 우린 이미 반은 성공한 거야.

3. 어휘력, 감정과 생각을 확장시키다

예전에 한 커뮤니티에서 '자녀의 어휘력' 테스트에
관한 글을 본 적이 있어. 한 매체에서 진행한 중학
생 자녀의 국어 어휘 설문조사에 대한 것이었는데,
여기에서 눈길을 끌었던 부분은 우리가 익숙하게
알고 있는 단어들을 엉뚱한 의미로 해석해놓은 오
답들이었지. 처음에는 '일부러 재밌게 하려고 저렇
게 대답한 거 아닐까?'라고 생각했지! 하지만 실제
로 자녀에게 이 어휘력 테스트를 해본 부모님들이
충격적인 결과를 마주했다는 댓글을 보면서, 그저
웃고 넘기기에는 심각한 수준이라는 우려가 이어졌
어. 부모님들뿐만 아니라 너희들에게도 혼란을 준
단어들은 다음과 같았어.

자녀의 어휘력은?

중학생 자녀에게 아래 단어들의 뜻을 적게 해보라. 세 단어
이상 정확한 뜻을 썼다면 평균 정도의 어휘력 수준인 셈이
다. 하지만 리포터가 테스트한 상당수 중학생의 오답은 아
래와 같다.

▢ 대관절	큰 관절
▢ 을씨년스럽다	욕??!
▢ 시나브로	신난다
▢ 개편하다	정말 편하다
▢ 오금	지하철역 이름
▢ 샌님	선생님의 줄임말
▢ 미덥다	믿음이 없다

출처: MBC 〈공부가 머니?〉

왼쪽 단어를 한번 읽어볼래? 대충 아는 느낌의 단
어도 있고, 처음 보는 단어도 있지? 그 단어들의 의
미를 마음속으로 생각하고 오른쪽에 써진 오답을
볼래? 어떤 생각이 들어? '을씨년스럽다가 욕이라
고? 무슨 말도 안 되는 소리야?', '오금! 지하철역?
이거 주작 아냐?'라는 말이 자기도 모르게 튀어나올

거야. 그런데 막상 내가 너에게 이렇게 묻는다면,
어떨 것 같아?

"'시나브로'나 '미덥다'라는 단어가 무슨 의미인지
한번 말해봐!"

분명 아는 것 같은데 정확한 뜻은 모른다는 걸 깨달
을 수 있지. 그리고 안다고 해도 '미덥다'를 '믿음이
없다'라고 한 것처럼 잘못 알고 있는 경우도 태반일
테고. 그저 웃어넘기기엔 정도가 심하다고 느껴지
기도 하지.

내 언어의 한계가 곧 내 세계의 한계다

이러한 상황이 비단 우리나라에서만 발생하고 있는 것은
아니야. 2010년 미국은 대폭적인 개정을 감행한 새로운 교육
과정을 발표했는데, 이때 교육을 위한 핵심 역량으로 '문해력'
을 꼽았지. 그런데도 2017년 조사에서 미국 성인 중 문해력이
유창한 사람은 47%에 불과했어. 또 2018년 OECD 회원국의
만 15세 청소년들을 대상으로 실시한 평가에 따르면, 미국 학

생들은 읽기 능력이 매우 부족한 것으로 나타났어. OECD 국장은 미국 학생들의 20%가량은 만 10세 수준의 읽기 능력조차 되지 않는 듯하다고 우려를 표했다고 해.

코로나19가 전 세계를 덮치면서 상황은 더욱 안 좋아졌어. 대부분의 학교들이 온라인 수업으로 전환하면서 학습에 공백을 경험하기 시작했고 그로 인해 전 세계는 문해력 저하 문제를 더 심각하게 겪게 되었지. 앞으로의 통계 표본이 될 저연령층의 문해력과 어휘력은 갈수록 더 안 좋아지고 있기 때문에, 조속히 개선하지 않는다면 문해력 저하 문제가 굉장히 심각해질 것이라는 어두운 전망이 제기되고 있어. 2020년 전후로 해당 세대의 문해력이 심각하다는 진단이 여러 매체에서도 계속 다루어지고 있고. '대관절'을 '큰 관절'로 아는 황당한 상황이 지속적으로 벌어지는 상태인 거야.

그럼 문해력을 높이기 위해서는 무엇이 기본이 되어야 할까? 두 가지를 신경 쓰면 돼. 바로 어휘력과 한자어.

평소에 책을 많이 읽는 친구들도 '이 단어 뜻 뭔지 알아?' 하고 넌지시 물으면 대답을 못할 때가 많아. 책 속의 모든 단어를 다 알지는 못하는 거야. 수능 국어 영역에서 만점 맞은 친구들도 마찬가지일 거야. 생각해봐. 난생처음 보는 지문의 어휘를 어떻게 다 알 수가 있겠어? 하지만 신기하게도 지문을 정확하게 해석해내지. 왜인지 알아? 글 속의 단어는 혼자 존재하는 섬이 아니거든. 단어는 문장에 존재하고, 문장은 앞뒤 문장과 밀접한 관계를 맺지. 그래서 우리는 단어와 단어, 문장과 문장의 관계를 들여다보면서 처음 보는 단어라고 할지라도 그 뜻을 유추해볼 수 있는 거야.

바로 이것을 어휘력이라고 해. 그런데 많은 친구들이 어휘력을 어휘 자체를 많이 아는 것으로 오해하고 있어. 하지만 실은 (그 단어를 잘 모르더라도) 문맥을 통해 어휘의 뜻을 추측해내는 능력이 바로 어휘력이라고 볼 수 있지. 어휘력이 높으면 문장에 담긴 의미, 말하고자 하는 바를 더 구체적으로 알 수 있기 때문에 글을 이해하는 데 큰 도움이 돼. 그러니까 지금 당장 아는 어휘가 많지 않다고 해서 낙담할 필요는 없지. 어휘력은 알고 있는 어휘의 수에 비례하는 것이 아니니까.

비트겐슈타인이라는 언어철학자는 《논리-철학 논고》라는 책에서 '내 언어의 한계가 곧 내 세계의 한계다(The limits of my language mean of my world)'라는 말을 했지. 어휘력은 비트겐슈타인이 말한 것처럼 독해뿐 아니라 말하기와 글쓰기의 바탕이 되는 '내 세계', 즉 사고력과도 밀접한 관계가 있기 때문에 아주 중요한 능력이야. 단어를 가지고 문장의 의미를 유추하는 것과 사고력이 무슨 관계가 있냐고? 어떤 말을 하고 싶어도 표현할 단어를 못 찾아서 말하지 못한 경우가 많을 거야. 그런데 이런 경우 '까먹을 수도 있지!'라는 안일한 생각으로 방치하잖아? 그러면 나중에는 그런 생각 자체를 못하게 돼. 어휘로 표현되지 못한 생각은 더 이상 발전되기가 어렵거든. '생각'은 '표현'이 될 때 더욱 확장될 수 있는 거야.

한마디로 어휘력이 빈약하면 내가 말하고 싶은 바를 제대로 표현할 수 없기 때문에 사고력도 떨어지기 쉬워. 이어서 생각해보면 사고력을 바탕으로 글을 쓰고 말을 잘하기 위해서는 어휘력이 필요하다는 결론이 나오지. 음식의 재료가 없으면 어떤 요리도 만들 수 없는 것처럼 아는 어휘가 없다면, 즉 딱 맞는 어휘를 골라서 적절한 곳에 배치하는 능력이 부족하면 말하기뿐 아니라 글쓰기도 제대로 할 수가 없어. 결국 어휘력은 읽기, 말하기, 쓰기 등 모든 영역의 기초라고 보면 돼.

일상에서 사용하면 몸이 단어를 기억한다

　얼마 전 한 중학교 교실에서 있었던 일이야. '내 인생의 책'이라는 주제로 발표를 진행하는데 한 친구가 자신이 좋아하는 책과 그것을 추천하는 이유에 대해 발표를 아주 잘했대. 선생님은 칭찬해주고 싶어서 이렇게 말씀하셨지.

　"다인이는 말을 참 조리 있게 잘하는구나."

　그랬더니 학생들이 순간 웅성거리기 시작한 거야.

　"조리가 뭐야?"

　"졸인다는 말인가? 진국 같다?"

　선생님은 처음에는 이렇게 생각했을 거야. '너희들 왜 이래! 장난치지 마!' 그런데 이게 장난이 아니라 실제 상황이라고 생각하면, 진짜로 학생들의 수준이 이 정도라면 문제가 심각하게 느껴져. 그럼 어떻게 하면 이런 상황에서 벗어날 수 있을까? 어휘력 향상을 위한 첫 번째 처방전은 바로 '사전 찾기'야. 너무 아날로그 느낌이 나서 촌스럽다고? 하지만 사전 찾기를 시작해보면 디지털 시대에 어휘력을 높이는 데에는 아날로그의 힘이 여전히 강하다는 사실을 무시할 수 없을걸?

　우선 '조리'라는 단어를 직접 사전에서 찾아보면 많은 뜻이

조리 皁履

　명사　검정 신.

조리 笊籬

　명사　쌀을 이는 데에 쓰는 기구. 가는 대오리나 싸리 따위로 결어서 조그만 삼태기 모양으로 만든다.

조리 條理

　명사　말이나 글 또는 일이나 행동에서 앞뒤가 들어맞고 체계가 서는 갈피.

(예문)

말을 **조리** 있게 하다.

조리가 맞다.

이 글은 **조리**가 서 있다.

내가 듣기에도 좋게, 군데군데 진리가 번득이는, 분별 있고 조리가 정연한 말들에 나는 감탄하지 않을 수가 없었다.

출처: 박경수, 《동토》

조리 調理

　명사　1. 건강이 회복되도록 몸을 보살피고 병을 다스림.
　　　 2. 요리를 만듦. 또는 그 방법이나 과정.

조리 操履

　명사　마음으로 지키는 지조와 몸으로 행하는 행실.

출처: 표준국어대사전

나와. 똑같이 생긴 단어일지라도, 문장에서 어떻게 쓰였느냐에 따라 전혀 다른 의미로 존재하는 거야. 그럼 '조리'의 뜻을 모조리 외워야 할까? 아니! '조리'를 검색하면 의미가 하나둘이 아닌데, 그걸 어떻게 단어마다 다 외울 수 있겠어? 불가능하지.

단어의 뜻을 모두 외울 수는 없어. 그렇기 때문에 일상에서 모르는 어휘가 나왔을 때 그냥 지나치지 말고 사전을 찾아보면서 그때마다 의미를 익혀가는 연습이 필요해. 즉 일상에서 자연스럽게 사전으로 단어를 찾는 행동을 통해, 몸이 그 의미를 기억하게 만들어야 하는 거야. 이게 중요해. 사전 찾기를 '공부'로 생각하면 재미없고 힘들거든. 사전 찾기를 '습관'이자 '생활'로 만들어야, 굳이 외우지 않아도 단어의 의미가 자연스럽게 내 몸과 머리에 스며들 수 있는 거지. 그럼 나중에 그 단어의 의미를 유추해 문장을 풀이해야 할 때 어렵지 않게 해석이 가능해지는 거고.

사전의 예문은 어휘력에 날개를 달아준다

앞에서 살펴본 어휘력 테스트 가운데 '대관절'이라는 단어가 있어. 이 단어를 국어사전에서 찾으면 '여러 말 할 것 없이 요점만 말하건대'라는 뜻이 나올 거야. 만약 내가 너희들에게 일방적으로 '얘들아, '대관절'은 큰 관절이 아니라 여러 말 할 것 없이 요점만 말하는 것을 뜻해!'라고 설명하면 어떨까? 아마도 '아, 그런 거구나!' 하며 의무적으로 고개를 끄덕일 것 같아. 크게 관심이나 주의를 기울이지 않았기 때문에 머릿속에 잘 남지 않고, 안타깝게도 나중에 이 단어를 다시 만나면 의미가 뭐였는지 헷갈릴 거야. 그런데 사전에서 그 단어가 사용된 예문을 함께 보잖아? 그러면 확실히 어떤 상황에서 이 단어를

(예문)

대관절 제가 뭘 잘못했다고 이렇게 괴롭히는 겁니까?

그 녀석은 **대관절** 누굴 믿고 저리 함부로 날뛰는 것이냐?

그런데 당신은 **대관절** 어떤 근거에서 그런 말을 하시는 거요?

출처: 고려대한국어대사전

쓰면 좋은지 감이 와. 이런 식으로 단어를 이해하다보면 그 단어를 자연스레 체득하면서 글을 매끄럽게 읽게 돼. 문장을 읽어내는 능력치가 상승하는 거야.

앞의 예문을 봐. 뜻만 봤을 때는 '이게 도대체 무슨 말이야?' 싶은, 평소에 잘 쓰지 않던 단어인데 예문을 함께 읽어보면 그 의미가 생생하게 와닿잖아. 문장에서 눈치를 챙긴다고나 할까. 그러니까 늘 사전을 들여다보며 이 단어 저 단어를 찾아보고, 유의어와 반의어도 한 번씩 읽어보고, 예문도 살펴보면서 해당 단어가 적절하게 쓰인 좋은 문장들을 익히는 연습이 필요한 거야. 평소에 책을 열심히 읽는 것도 좋지만, 어휘력 향상을 위해서는 반드시 문맥상의 의미를 파악하며 '정확하게 알고' 넘어가는 것이 중요하다는 사실을 잊지 마. 어휘력은 결국 사전이 책임진다는 것도.

영어 단어를 공부하듯 한자를 공부한다면?

우리가 책을 읽거나 교과서를 볼 때, 특히 비문학 지문이 어렵게 느껴지는 이유가 뭔지 알아? 바로 한자어가 많기 때문

이야. 낯선 용어들이 글에서 튀어나오면 해석 자체를 어려워
할 뿐 아니라 심지어는 해석할 시도조차 못하는 경우가 많지.
눈으로는 글자를 읽고 있지만, 그 뜻을 이해할 수 없는 상황인
거야. 그런데 우리말에서 한자의 비중은 무려 70%나 되거든.
한자어를 모르면 우리말을 제대로 이해하기 어렵다는 뜻이지.
답답함이 밀려오지 않아?

하지만 반대로 생각해보자. 한자의 비중이 70%나 된다면,
한자어를 알면 우리말을 좀더 수월하게 해석할 수 있다는 이
야기이기도 하지. 비문학 지문 앞에서 작아지지 않으려면, 시
사나 역사, 사회현상, 과학 등의 글을 제대로 읽어내기 위해서
는 한자 공부가 반드시 필요한 거야. 그래서 어휘력 향상을 위
한 두 번째 처방전은 바로 한자 공부야.

학습만화계의 네임드책,《마법천자문》기억나지? 중국의 고
전 소설《서유기》를 바탕으로 한 학습만화인데 주인공이 매 권
마다 다양한 한자 마법을 사용해. 한자의 뜻과 소리와 모양이
만화의 한 장면에서 이미지와 함께 저절로 기억되도록 구성한
책이어서, 1권부터 '불어라 바람 풍(風)!' 하면서 다들 장풍 좀
쐈봤을 거야.

누가 한자를 공부하라고 등 떠밀지도 않았고, 시험 봐야 하

니까 외우라고 하지도 않았는데 한자에 저절로 관심이 생겼던 과거의 기억을 떠올려봐. 우리는 한자를 싫어하지 않았어. 어렸을 때 그 누구보다도 한자와 아주 많이 친근했었고, 한자를 아는 데 진심이었단 말이지. 하지만 한자어 교육의 중요성이 저하되면서 한자를 크게 중요하게 생각하지 않게 되었고, 학생들은 굳이 한자까지 알아야 하는지 의구심을 품게 되었지. 결국 영어 단어는 틀리면 부끄럽게 생각하면서 한자로 자기 이름을 못 쓰는 건 창피해하지 않게 되었어. 실제로 한자로 자기 이름을 못 쓰는 친구들이 생각보다 많은 걸 알고 정말 깜짝 놀랐어!

그래! 너희들은 은어나 속어, 줄임말이 익숙한 시대에 살고 있으니까 한자어를 사용하는 것 자체를 촌스럽거나 구시대적이라고 생각할 수도 있어. 한자어가 너희들에게는 외계어처럼 느껴질 수도 있겠지. 하지만 한자어는 뜻글자이기 때문에 각각의 뜻을 알고 있으면 대충이라도 무슨 의미인지 파악할 수 있다는 점을 주목해야 해. 즉 뜻에 집중해서 해석하고 눈에 익히는 연습을 하면, 자연스럽게 한자어가 있는 문장을 잘 이해할 수 있게 되는 거지.

만약에 우리가 평소에 한자 공부에 조금 더 신경을 썼다면 앞에서 제시된 어휘력 테스트 가운데 '개편하다'라는 단어의 의미를 '정말 편하다[개-('정말', '매우', '엄청나게'라는 의미를 가진 신조어 접두사)+편하다]'라고 해석하지는 않았을 거야. '개(改)'는 '고치다'라는 뜻이고 '편(編)'은 '엮는다'라는 의미니까 '아, 뭔가를 고쳐서 새로 엮는 걸 말하는 거구나'라고 생각해볼 수 있겠지. 혹시나 내가 유추한 게 맞는지 의심이 든다면 예문을 참고하면 돼. 그럼 정확히 알게 되지.

개편하다 改編하다

동사   1. 책이나 과정 따위를 고쳐 다시 엮다.
2. 조직 따위를 고쳐 편성하다.

(예문)
교과서를 새 교과 과정에 맞추어 **개편하다.**
행정 구역을 **개편하다.**
조직을 **개편하다.**

출처: 표준국어대사전

여기서 끝이 아니야. 이렇게 각각 알아둔 개(改)와 편(編)이라는 한자가 각자 다른 글자와 함께 쓰일 때에도 그 의미를 금

세 파악할 수 있으니까, 또 다른 어휘를 해석하기 위한 준비가 되는 셈이지. 개과천선(改過遷善)이라는 말 많이 들어봤지? 지난날의 잘못(過)을 고치어(改) 착하게(善) 달라진다(遷)는 의미를 가진 사자성어인데, 여기에도 '고칠 개(改)'가 등장해. '개편'을 통해 '개'의 뜻을 미리 알고 있었다면, 이 사자성어의 의미를 좀더 빨리 눈치챌 수 있었을 거야.

'편'의 경우도 살펴보자. 편집(編輯)은 '엮을 편(編)'과 '모을 집(輯)'으로 이루어진 단어로 여러 가지 자료를 수집하여 책으로 엮는 것을 말하고, 단편(斷編)은 '끊을 단(斷)'과 '엮을 편(編)'으로 이루어진 단어로 연속되지 못하고 따로 떨어진 짧은 글을 의미하는데, 이 두 단어에서도 공통적으로 '엮을 편(編)'이 등장하잖아.

이처럼 각각의 한자어들을 공부해 알고 있으면 단어의 의미를 확인하는 데 크게 도움이 될 수 있어. 물론 쓰고 외우면 좋지만 기본 뜻과 음을 아는, 그런 상태만 지속하더라도 충분하다는 생각이야. 단어의 느낌과 분위기를 파악하는 것, 이를 '언어 감각'이라고 하는데, 한자 공부는 언어 감각을 키우는 데 도움이 된다는 것도 잊지 마!

우리는 자신이 가지고 있는 언어를 이용해 생각을 표현하고 있다. 결국 가지고 있는 언어가 빈약하면 표현도 빈약해지고, 실제로 사고와 감정이 충분히 표현된다고 할 수 없다. 동시에 그 언어의 질과 양이 자신의 사고와 마음을 결정하기도 한다. 어휘가 적은 사람은 사고도 마음가짐도 거칠고 난폭해진다. 그렇기 때문에 훌륭한 사람들과의 대화나 독서, 공부에 의해 언어의 질과 양을 증가시키는 것은 자연히 자신의 사고와 마음을 풍요롭게 만든다.

– 《초역 니체의 말》 중

문해력의 기본이 어휘력이기도 하지만, 어휘력을 갖추면 우리의 감정을 충분히 표현하면서 사고와 마음을 풍요롭게 만들 수도 있다는 것 잊지 마. 높은 문해력은 좋은 관계 유지에 도움이 되는 등 우리의 삶을 의미 있게 만들어준다는 것도.

4. 음독과 요약, 우리는 난독증이 아니었어!

"선생님, 저 난독증인가봐요. 책을 읽으면 계속 브레이크가 걸리는 느낌이에요. 선생님이 교과서를 읽으라고 시키셔서 더듬거리며 읽을 때에는 머릿속이 백지가 되는 것 같아요. 그래서 읽기에 지목될까봐 늘 공포에 떨고 있어요. (중략) 만화책은 그나마 글보다 그림이 많아서 읽기는 하지만, 다른 책은 한 페이지를 읽어도 읽었다고 할 수 없는 경우가 대부분이에요. 내용을 떠올릴 수가 없거든요."

학생들이 자신이 난독증은 아닐까 걱정하는 이야기들을 많이 들었어. 친구들끼리 의사소통을 하다가 한 사람이 이야기를 잘못 이해한 탓에 의미가 엇갈리는 상황에서 '너 난독증이지?' 하며 놀리는 모습도 자주 보았지.

난독증은 읽는 능력에 장애가 있어서 글을 이해하기 어려운 증상을 말해. 난독증 환자에게 글자는 그저 의미 없는 기호처럼 보이곤 하지. 우리가 아랍어를 보면, 그림처럼 느껴지는 것과 같은 맥락이야. 아래는 난독증 테스트인데 한번 읽어보고 해당되는 부분이 있는지 확인해봐. 해당되는 문항 수가 많을수록 난독증을 의심해봐야 한대.

난독증 테스트

01. 글씨를 읽으면 두통이 생기고 집중하기가 어렵다.
02. 글을 읽을 때 다음 문장으로 이어가기까지 오랜 시간이 걸린다.
03. 상대방이 말을 빨리하면 무슨 말인지 이해가 안 된다.
04. 어떤 단어를 기억해내는 데 오랜 시간이 걸린다.
05. 단어를 자꾸 틀리거나 다른 단어로 보인다.
06. 멀미가 심해 장시간 드라이브와 놀이기구 탑승이 힘들다.
07. 문장 한 줄을 쓰는 데 10분 이상이 소요된다.
08. 말이 어눌하고 상대방에게 전달이 잘 안 된다.
09. 글을 쓸 때 문단 줄을 맞추지 않고 다른 방향으로 쓴다.
10. 글자보다 그림과 사진을 선호한다.

앞의 난독증 테스트를 학생들에게 해보았더니 2번이나 7번, 10번 항목에 해당된다고 답한 친구들이 많았어. 저 항목들은 문해력이 떨어진다고 생각되는 친구들에게 대부분 나타난 현상인데, 사실은 특별한 문제가 없음에도 불구하고 저런 증상 때문에 자기 스스로가 난독증은 아닐까 걱정하는 친구들이 많이 있더라고. 책을 읽어도 그 내용을 잘 모르겠다면서 말이야. 하지만 이런 경우는 어떻게든 책을 읽어보려고 노력하지만 잘 안 되는 상황이라고 봐야 해. 뭘 좀 읽어야 지금보다 언어 능력이 올라가든가 말든가 할 텐데, 잘 읽히지가 않으니 혹시 내가 난독증은 아닌지 의심하게 되는 거지.

그래서 이런 고민을 하는 친구들을 위해 문해력을 키울 수 있는 읽기 방법에 대해 이야기하려고 해. 시간이 조금 걸릴 수는 있겠지만 머릿속에 하나씩 넣어두고 꾸준히 적용하면, 분명 읽기의 문제도 해결되고 내가 난독증은 아닌지 우려하는 일도 사라질 거야.

잘 모르면 소리 내어 읽자

도호쿠대학교의 교수이자 뇌과학 연구자인 가와시마 류타가 진행한 연구가 밝힌 것처럼, 글을 소리 내어 읽는 '음독'은 뇌를 활성화시키는 방법 가운데 하나야. 입에서 단어를 뱉을 때 눈은 그보다 조금 먼저 다음 문장을 읽고 있거든. 즉 눈으로 보는 것과 입으로 내는 소리가 다르기 때문에 뇌가 상당히 어려운 일을 하고 있는 셈이라고 해. 어려운 과제를 해내야 하니까 뇌가 더욱 활발히 일하는 거지.

게다가 글을 소리 내어 읽을 때는 눈과 입만 사용하는 것이 아니야. 소리로 나온 단어를 귀로 듣고, 귀를 통해 입력된 소리는 뇌에 이미지나 감정을 만들어주게 되거든. 즉 글을 다양한 방식으로 감상할 수 있는 거지. 눈, 입, 귀 등 여러 감각을 큰 어려움 없이 사용하면서 글을 읽는 방법이 음독인 건데, 그래서 음독은 학습에 효과적인 매우 수준 높은 훈련법이라고 볼 수 있어.

초등학생 저학년들이 문해력을 키우기 위한 가장 좋은 방법으로 언급되는 것도 바로 음독이야. 초등학생 때를 떠올려보자. 학교에서 교과서를 읽을 때 선생님께서 '뺏어 읽기'를 시키셨던 거 혹시 기억나? 차례대로 한 명씩 읽기 시작하다가 한 친구가 읽는 중간에 틀리면 바로 뺏어서 이어 읽는 것, 이것도 음독의 방법 중 하나야. 뺏어 읽기를 하면 자기 차례에 틀려서 뺏기지 않기 위해 '읽기'에 초집중하게 되고, 또 다른 사람 차례에 자신이 뺏어 읽기 위해서 '듣기'에도 초집중하게 되지. 듣기와 읽기의 집중도가 자연스럽게 올라가게 되는 거야. 뺏어 읽기를 할 때마다 선생님이 읽기 귀찮으니 우리에게 시킨다고 입이 나오기도 했었는데, 사실 선생님에게는 다 계획이 있었던 거였어.

유시민 작가도 《유시민의 글쓰기 특강》에서 소리를 내어서 읽으면 문장을 더 쉽게 파악할 수 있다고 말해. 어색한 낱말이 있는지, 문장의 구조에 오류는 없는지 등을 읽는 과정에서 깨닫게 된다면서 음독을 강조하지. 왜냐하면 어색한 낱말이나 오류에서는 나도 모르게 멈칫하게 되거든. 그래서 음독이 습관화되면 책을 읽을 때뿐 아니라 글을 쓸 때도 큰 도움이 돼. 내가 쓴 문장을 소리 내어 읽으면서 매끄럽지 않은 문장을 발견하고 고칠 수 있으니까. 아주 자연스럽게 문장력까지 높아지는 거지.

음독으로 적당한 신문 사설

초등학교 저학년이라면 보통 음독의 대상으로 그림책이나 수학 문제, 노래 가사를 권하곤 해. 수준에 맞는 글의 종류를 찾다보니 아무래도 한계가 있지. 그런데 우리가 읽는 소설이나 에세이, 자기계발서를 소리 내어 읽기에는 너무 많은 시간이 필요해. 분량이 만만치 않잖아? 그래서 너희들에게 권하는 음독은 바로 신문 사설 읽기야. 신문 읽기가 중요하다는 말은 늘 들어왔지만, 사실 숙제나 수행평가가 아니라면 스스로 읽어봐야겠다고 생각해본 적은 없을 거야.

하지만 신문을 읽는 것은 청소년 시기뿐 아니라 어른이 되어서도 아주 중요해. 신문 사설은 지금 이슈가 되고 있는 배경이나 현황, 전망에 대해서 모두 정리해주기도 하고, 논설위원뿐만 아니라 사회 저명인사들도 글을 쓰기 때문에 여러 사람의 통찰력을 들여다볼 수 있거든. 또 아무래도 사설은 주장이나 의견을 전달하는 성격이 강한 글이다보니, 핵심 주장이 무엇인지, 주장의 근거는 무엇인지, 주장과 근거 사이에 합당한 논리성이 있는지 자연스럽게 파악하면서 읽게 된다는 장점도 있어. 그렇게 다양한 지식과 생각을 접하면서, 어떤 사안에 대해 심층적으로 생각하고 논리적으로 사고하는 방법을 익히게 되는 거야.

신문 사설 읽기의 장점은 무궁무진해. 우선은 좋은 문장을 읽으면서 문장력을 키울 수 있다는 것이지. 그리고 평소에 잘 접할 수 없는 단어들이 자주 언급된다는 점도 주목할 만해. 낯선 단어들에 대해 호기심이나 의문을 갖기 시작하면 자연스럽게 그 단어들을 익힐 수 있거든. 결국 다양한 어휘들을 많이 알게 되는 거야. 아마 신문에 실린 사설을 처음 읽을 때는 완전 멘붕일 거야. '도대체 이게 무슨 말이야?'라며 하나도 못 알아듣는 상황이 벌어질 수도 있어. 하지만 계속 반복해서 소리 내어 읽다보면 어느 순간 글에 집중하는 자신의 모습을 발견할 수 있을 거야.

딱딱한 사설이 싫다면 그날의 주요 뉴스를 살펴보고 규칙적으로 음독해도 괜찮아. 국민의 관심이 집중된 중요한 주제와 관련된 기사에는 상반된 주장을 내세우는 글들이 많이 있거든. 강 건너 불구경하듯이 아무래도 상관없다는 태도로 글을 읽지만 않으면 돼. 그런 태도는 사고력 향상에 전혀 도움이 되지 않으니까. 자신만의 속도로, 자신만의 느낌으로 읽다보면 스스로가 지금의 글을 잘 이해하고 있는지 알 수 있기 때문에,

나의 읽기 상태를 점검해보는 데에도 분명 도움이 될 거야.

요약은 굉장히 고급스러운 읽기 기술이다

요약하며 읽을 줄 아는 것은 문해력 가운데에서도 가장 중요한 능력 중 하나라고 볼 수 있어. 문해력 자체가 글의 내용을 이해하고 그 안의 핵심을 파악해서 정보를 선택적으로 습득하는 능력이니까. 또한 요약은 읽은 것을 오랫동안 기억하게 해줄 뿐 아니라 스스로 읽은 내용을 점검하게 해서 메타인지 능력을 길러줘.

그러면 요약하기는 언제부터 시작해야 할까? 초등학교 3학년 즈음부터 교과서에서 문단의 중심 문장 찾기가 나와. 이때부터 시작된 요약하기 학습은 중학교 1학년 때 요약의 개념과 규칙을 거쳐 수능 비문학 독해까지 이어지지. 국어의 실력과도 떼려야 뗄 수 없는 관계라서 잘하고 싶은 마음이 드는데, 문제는 이 요약 능력이 단시간에 습득되지 않는다는 거야. '오늘부터 내가 신문 사설의 내용을 요약해보겠어!'라고 마음을 먹어도, 막상 시작하려고 하면 어디에서부터 어떻게 해야 할지 앞이 캄캄하니까.

특히 요약의 기술 앞에서 우리가 갈등을 겪게 되는 경우가 있는데, 바로 독후감을 작성할 때야. 줄거리를 적긴 적어야 할 텐데 몇 줄로, 몇 자로 요약할지 고민하다가 초록 검색창에 책 제목을 써넣고 출판사가 제공하는 줄거리를 열심히 베낀 적도 많았을 거야(실제로 이렇게 줄거리만 베껴서 독후감이라고 써낸 학생들도 많아). 나도 SNS에 책과 관련한 이야기를 남길 때면 중심 내용을 잘 정리해야 한다는 부담에, 손을 자판 위에 가만히 올려놓고 한참을 망설이고 있을 때가 많아. 왜냐하면 줄거리 요약은 단순히 책을 읽었다고 해서 가능한 게 아니거든. 책에 있는 수많은 이야기들 중 내가 중요하다고 생각하는 부분을 추출해내서 10문단, 5문단, 1문단으로 줄이는 능력이 있어야 제대로 된 요약이 가능하지.

요약을 하려면 글의 핵심도 알아야 하고 글이 전개되는 패턴도 이해해야 해. 결국은 숙련된 독서가에게나 가능한 일이잖아. 그러니까 어려운 것이 당연하지. 자, 그럼 어떤 과정을 통해 요약을 연습해볼 수 있을지 살펴볼까?

제대로 요약하기 위한 네 가지 필살기

요약은 '선택, 삭제, 일반화, 재구성' 등의 규칙에 따라 글의 논리적 흐름에 맞게 중심 내용을 간략하게 정리하는 것을 말해. 이 요약의 방법은 단어와 문장의 문맥적 의미는 물론이고 글이 궁극적으로 말하려는 핵심 주제를 파악하는 능력을 길러주기 때문에 문해력도 상승할 수밖에 없어. 하지만 말처럼 쉽지는 않기 때문에 네 가지 요령에 따라 문단 요약을 반복적으로 연습해야 한다는 걸 잊지 말기로 하자.

첫 번째 요약의 방법은 중심 내용이 분명하게 드러나는 핵심 문장을 찾는 거야. 다시 말해 '선택'이라고 할 수 있어. 가장 대표적인 요약 방법 가운데 하나지. 글에서 중요하다고 생각되는 문장을 찾아서 선택하면 되니까 크게 어렵지는 않아.

두 번째는 '삭제'야. 덜 중요하거나 반복되는 내용, 예로 든 내용은 지우는 거야. 삭제는 생각보다 마음의 준비가 좀 필요해. 다들 책상 서랍을 정리해봤지? 엄마가 필요 없는 물건들을 다 버리라고 말했지만, 이건 곧 쓸 거고, 이건 나중에 필요하다고 생각하면서 다시 서랍 안에 넣어놓은 경험, 다들 있잖아? 우리가 이렇게 미련을 못 버려요. 물건을 버리는 일이 어려운 만큼 문장을 지우는 일도 어려운 거야. 그래도 큰맘 먹고 지울 부분은 과감하게 지우면, 남은 문장들로 자연스럽게 요약이 되니까 창작의 고통까지는 느끼지 않을 수 있지.

이렇게 '선택'하고 '삭제'한 후에 남은 문장을 가지고 전반적인 글의 흐름을 고려해서 매끄럽게 이으면 전체 지문의 내용이 요약되는 거야. 여기까지는 크게 어렵지 않지?

문제는 '일반화'와 '재구성'이야. 왜인지 설명해볼게. 일반화는 구체적이고 개별적인 내용을, 그것을 모두 포괄하는 표현으로 만들어서 바꾸는 것을 뜻해. 그리고 재구성은 중심 문장이 명확하지 않을 때, 제시된 내용을 바탕으로 내가 핵심 문장을 새로 만드는 것을 이야기해. 둘 다 있는 것들을 머릿속에 잘 떠올려두었다가 '새로운 것을 만들어내는' 과정이 필요하니까 어려운 거지.

'선생님, 책 한 권도 읽기 힘든데 요약을 어느 세월에 해요? 단순한 줄 알았더니 쉽지도 않고요'라는 탄식이 벌써부터 들리는 것 같네. 그런 너희들에게 드라마틱한 요령을 알려주고 싶지만 안타깝게도 요약에는 끊임없는 연습이 필요해. 단번에 그 능력이 훅 올라가지 않거든. 그저 늘 말하지만, 꾸준히 날마다 하는 습관이 중요하지!

그래도 너무 낙담하지는 마. 조금 쉽게 '요약'을 연습하는 방법을 추천해줄게. 마음의 짐을 덜고 요약을 훈련할 수 있는 방법. 바로 우리가 날마다 손쉽게 확인할 수 있는 신문기사를 요약하기 연습에 활용하는 거지! 먼저 신문기사 분석 요령부터 살펴볼까?

신문기사 분석 요령

1. 주어진 지문을 쭉 읽으며 대략적인 내용을 파악하면서 '핵심어'를 체크한다.
2. 문단별로 핵심 문장에 밑줄을 그어본다(요약의 '선택' 요령을 적용).
3. 핵심 문장을 중심으로 문단별 소주제를 매끄럽게 이어 내용을 정리한다(요약의 '일반화' 혹은 '재구성' 요령을 적용).

자, 방법은 알았으니 이제 실제로 시도해볼 차례겠지? 다음은 한 신문기사를 요약하는 과정을 정리한 거야. 찬찬히 같이 읽어보도록 하자.

16년 만에 돌아온 빵, 줄 서서 산다… '띠부씰' 때문에

돌아온 **'띠부씰'의 열풍이 거세다.** 띠부씰은 '떼었다 붙였다'의 줄임말에 편지봉투 등에 붙이는 '씰(seal)'을 합성한 말이다. 빵을 사면 함께 주는 스티커를 일컫는다. 16년 만에 다시 나온 '띠부씰'이 다시 인기를 끌면서 편의점에서는 때 아닌 **'오픈런(매장이 열리자마자 뛰어 들어가 구매)'** 사태가 벌어지고 있다.

→ '띠부씰' 오픈런 사태.

띠부씰 문화의 중심에는 '포켓몬빵'이 있다. 포켓몬빵은 일본 애니메이션 포켓몬스터의 다양한 캐릭터를 소재로 만든 빵으로 SPC삼립이 1998년 출시했었던 제품. 이후 큰 인기를 누리다가 2006년 이후 생산이 멈췄고, 이번에 16년 만에 재출시됐다.

→ 띠부씰 문화의 중심에 있는 '포켓몬빵'.

포켓몬빵은 지난 3일 출시 일주일 만에 **150만 개 판매**를 돌파하면서 **돌풍을 일으켰다.** 이는 SPC삼립이 내놓는 다른 신제품의 평균 판매량보다 6배 이상 많다. 지난 15일엔 판매 470만 개를 넘겼다.

→ 출시 일주일 만에 돌풍을 일으킨 포켓몬빵.

20년 전 인기를 끌던 포켓몬빵이 다시 화제의 중심이 된 건 이 빵이 유행했던 1990년대 후반~2000년대 초반에 학생이었던 이들이 지금 20~30대가 돼서 **과거의 추억**을 떠올리며 빵을 사기 시작해서다. 학창 시절 빵 봉지마다 들어 있는 스티커를 책받침, 교통카드 등에 붙여가며 모았던 이들은 20~30대 성인이 되서도 빵보다는 빵 봉지 안에 든 **스티커를 수집**하기 위해 빵을 사들이고 있다.

→ 포켓몬빵이 화제의 중심이 된 이유.

띠부씰 문화가 다시 유행하면서 1990년대 말을 배경으로 드라마에서 나온 또 다른 빵도 같이 화제를 모으고 있다. 드라마 〈스물다섯 스물하나〉에서 여자 주인공 '나희도'가 빵을 먹다가 띠부씰을 수집하는 모습이 방송되자, 이 드라마에 등장한 빵도 인기를 끌고 있는 것이다. 편의점 세븐일레븐이 자체 브랜드(PB) 브레다움에서 내놓은 빵으로, 드라마의 영향으로 **'희도빵'**이라는 애칭이 붙었다. 해당 제품은 드라마에 노출된 뒤 1주일간(이달 7~13일) 매출이 전주 대비 세 배가량 늘어났고, 제품 3종은 세븐일레븐 전체 빵 매출 순위에서도 포켓몬빵에 이어 2~4위를 차지했다.

→ 띠부씰 문화로 함께 인기를 얻게 된 '희도빵'.

갑작스런 인기를 누리면서 일부 편의점에서는 소비자들이 포켓몬빵이 입고되는 시간에 몰려드는 **'오픈런' 현상**도 나타났다. 밀려드는 손님 때문에 '조기품절'이라는 문구를 붙여놓는 편의점도 곳곳에 눈에 띈다. 중고거래 플랫폼에서 **'리셀'**도 된다. 빵 스티커 중 인기 캐릭터나 구하기 어려운 캐릭터의 스티커만 따로 2만~5만 원에 거래되고 있다. 세븐일레븐 관계자는 "띠부띠부씰이 든 빵이 기성세대에게는 추억을 떠올리게 하고 MZ세대에게는 새로운 경험을 줄 수 있는 아이템으로 떠오르고 있다"고 말했다.

→ 포켓몬빵의 오픈런, 리셀 현상과 세대에 끼치는 영향.

출처: 《조선일보》 2022년 3월 21일자

문단마다 핵심어를 찾고 핵심이 되는 문장에 밑줄을 그은 다음, 이를 토대로 해서 문단의 중심 문장을 정리해보았어. 이 중심 문장들을 이어 매끄럽게 풀기만 하면 전체 신문기사를 요약하는 작업이 간단하게 끝나는 거지.

16년 만에 다시 나온 포켓몬빵의 '띠부씰('떼었다 붙였다'의 줄임말에 편지봉투 등에 붙이는 '씰(seal)'을 합성한 말)'이 인기를 끌면서 출시 일주일 만에 판매 돌풍을 일으키고 있다. 이러한 포켓몬빵의 인기는 20년 전 포켓몬빵의 띠부씰을 경험한 20~30대가 과거의 추억을 떠올리며 빵을 사기 시작해서다. 띠부씰 문화의 유행으로 인해 드라마에서 나온 일명 '희도빵'도 함께 인기를 얻었다. 갑작스런 인기로 일부 편의점에서는 '오픈런' 현상이 일어나고 중고거래 플랫폼에서는 '리셀'도 되는 포켓몬빵은 기성세대에게는 추억을, MZ세대에게는 새로운 경험을 주는 아이템으로 떠오르고 있다.

직접 요약해보니까 어때? 처음에는 긴 글에 막막했을지 모르겠지만, 문단들의 핵심어를 파악하고 또 중심 문장을 정리하는 과정에서 머릿속으로 글이 일목요연하게 그려지는 마법을 경험했을 거야. 그리고 중심 문장들 중 중복되는 부분들은 빼고, 앞뒤 배치를 매끄럽게 해서 하나의 문단으로 만들면 끝! 처음부터 어려운 경제나 사회의 기사들을 요약하기보다는 내가 관심 있는 분야나 진로와 관련된 기사부터 도전해보자. 관심사와 연결된 글이기 때문에 배경지식 덕분에라도 한결 수월하게 요약 연습을 할 수 있을 거야.

《공부머리 독서법》의 최승필 작가님도 요약의 중요성을 이렇게 말하더라. 한 권만 요약하면서 읽어도 공부의 효율성이 달라지고, 세 권만 꼼꼼하게 읽고 나면 자연스럽게 머릿속에서 정리하면서 책을 읽을 수 있게 된다고 말이야. 요약의 중요성은 이렇게 강조해도 지나치지 않단다. 그럼 이제 문학작품에서는 어떤 읽기 방법을 통해 문해력을 키울 수 있는지 알아볼까?

예전에 교생 실습을 갔을 때였어. 둘째 주부터 내가 직접 수업을 진행하도록 담당 선생님이 허락해주셔서 실제로 학생들을 가르치게 되었지. 내가 들어간 수업은 고등학교 2학년 문학 수업이었는데, 서정주의 〈추천사(鞦韆詞)-춘향의 말(1)〉을 배울 차례였지. 학생들에게 시에 대해 열심히 설명했어.

"이 시는 여성적이고 섬세한 어조이고, 상징적 시어를 사용해서 화자의 간절한 소망을 나타내고 있어. 상징적 시어는 바로 '그네'인데 여기에는 어떤 의미가 있을까? 맞아! 그네를 타면 하늘로 올라갔다가 결국에는 땅으로 돌아오잖아. 그네는 이상을 지향하지만 현실로 돌아올 수밖에 없는 춘향의 상황을 그대로 나타낸 시어지."

그렇게 한참 열변을 토하면서 '시는 어려워 보이지만 이렇게 하나하나 생각해보면 의미를 담고 있는 시어들이 많아서 분석해서 읽는 재미가 있어'라고 이야기를 하는데, 갑자기 한 여학생이 이렇게 말하는 거야.

"선생님, 시가 밥 먹여주는 것도 아니잖아요! 도대체 왜 배우는지 모르겠어요."

지금이었다면 '밥이 생기는 건 아니지만 밥이 맛있어집니다'라고 말하고 위기의 순간을 멋지게 넘길 수 있었을 텐데…. 그때는 너무 당황해서 '그렇지, 밥 먹여주는 건 아니지만…' 하면서 식은땀을 흘리며 횡설수설했던 기억이 나.

문학작품의 가성비

요즘 학생들도 크게 다르지 않지. 책 읽어봤자 쓸모없다는 학생, 소설을 읽어서 어디에 쓰냐는 학생…. 효율을 중시하는 사회다보니 학생들도 독서에서 가성비를 따지는 거지. 우아한형제들의 김봉진 대표는 책을 읽으면 있어 보이고, 잠이 잘 와서 불면증 해소에 도움이 되고, 인테리어 효과가 있다고 우스갯소리를 하면서 독서를 격려하더라고. 나는 가성비 측면에서 문학작품의 독서를 격려하려고 해. 즉 가격(시간과 노력) 대비 성능(장점과 성과)을 따져서, 문학작품 독서의 장점을 말해 볼게.

첫 번째, 공감 능력이 생겨.

미래 사회에서 사람들에게 가장 필요한 능력이 뭔지 알아? 바로 공감 능력이야. 디지털화된 세상에서 다른 사람과 공감하고 소통하는 능력은 엄청 중요해졌어. 우리의 행동과 생각이 전 세계에 실시간으로 공유되기도 하고, 많은 사람들에게 영향을 미치기도 하니까. 같은 직업을 가졌다고 하더라도, 사람들의 욕구를 이해하고 공감하고 소통하는 사람이 성공할 수 있기 마련이거든. 그래서 요즘은 정치인이나 연예인 등이 대중과 소통하려고 노력하기도 해. 그런데 문학작품을 읽으면 다양한 상황에 처한 등장인물들의 이야기를 통해 간접 경험을 하고, 또 그들의 입장에 서서 생각하게 되면서 자연스럽게 공감 능력이 생길 수 있지.

두 번째, 국어 교과에서 우수한 성적을 얻을 수 있어.

고2 때 공부에 별 관심도 없고 평소에 수업도 잘 안 듣던 친구가 교통사고로 병원에 입원한 적이 있었어. 지금처럼 OTT 서비스가 활성화되어 있던 때가 아니었으니 병원에서 할 게 없었대. 잠도 더 이상 안 와서 어쩔 수 없이 소설책을 읽기 시작했는데, 생각보다 재밌는 거야. 이렇게 재미있는 책을 지금껏 왜 안 읽었지? 하면서 퇴원한 후에도 계속해서 책만 읽었다고 해.

이 친구는 퇴원 후에도 공부와는 담을 쌓고 지냈는데, 신기하게도 모의고사를 보면 국어 영역은 늘 1등급인 거야. 비법이 뭐냐고 캐물었어. 그랬더니, 지문을 읽으면 문제에 대한 답이 보인다는 거야. 이게 가능한 이야기인가 싶지? 그런데 지금도 책을 많이 읽는 친구들을 보면 국어 영역 점수가 다른 과목에 비해 상대적으로 높더라고. 책만 열심히 읽어도 국어 성적이 좋아진다고? 그럼 이거야말로 가성비가 최고 아니야? 읽지 않을 이유가 없지. 국어 성적도 높여주고 미래 사회에 희소성 있는 인재로 만들어준다잖아. 그럼 문학작품을 어떻게 읽으면 좋을지, 잘 읽는 방법은 무엇인지에 대해 슬슬 이야기해볼까?

'좋아요' 버튼이 필요한 곳

디지털 시대에 사는 우리는 친구들의 SNS를 보면서 '좋아요' 버튼을 수시로 눌러. 공감하고 있다는 마음을 드러내는 표시지. '난 네 마음을 이해해.', '네 상황, 참 좋겠다.' 이와 같이 상대방의 주관적 세계를 인지하고 있다는 응원이라고 볼 수 있지.

하지만 아무리 열심히 '하트'와 '좋아요'를 눌러도 실제 공감 수준은 계속 낮아지고 있대. 나와는 다르게 행복해 보이는 사람들을 보면서 상대적 박탈감을 느끼는 경우가 많아서, 진심으로 공감하기는 힘들다는 거지. 또 겉보기에 치중되는 개인의 삶도 공감을 불러일으키기는 어렵고 말이야. 즉 '좋아요'와 '하트'를 영혼 없이 누르는 사람들이 많은 거야. 생각해보자. 응원과 공감의 마음을 담아 '좋아요'를 누를 때도 있지만, 그냥 습관적으로 누를 때도 많지 않은지 말이야. 실제로 컴퓨터 게임이나 소셜미디어, 문자를 통해 이루어지는 사교 활동으로 인해 공감적 감수성은 계속 떨어지고 있다고 해. 그래서 '진짜 공감 능력'이 더욱 중요해지는 거고.

독서, 특히 문학작품을 읽는 것은 그 어떤 매체보다도 사고의 영역을 넓히고 내가 아닌 다른 관점에서 대상을 바라볼 수 있는 역량을 키워줘. 소설 속 인물이 왜 그러했는지 생각과 행동을 살펴보며 그의 감정을 이해하는 건 바로 공감 능력이 있어야 가능하니까. 결국 '좋아요' 버튼이 정말 필요한 곳은 독서, 바로 문학작품을 감상할 때인 셈이야. 생각해봐. 문학작품에서는 지식과 정보를 얻게 되기보다 타인의 감정을 들여다보게 되지(좋아요!). 그런 과정을 통해 상대방에 대한 충분한 공감과 배려를 배우게 되고(좋아요!). 또 그들의 이야기 속에서 작가가 말하고자 하는 의도를 확인하게 되거든(좋아요!).

'에릭'이라는 소년이 새로운 중학교에 전학 온 후 '그리핀'이라는 아이와 친해지면서 겪는 학교폭력 이야기를 담은 소설 《방관자》에 대해 말해볼게. 그리핀은 잘생기고 리더십이 있어서 친구들에게 인기가 많은 아이야. 그런 아이가 먼저 자신에게 다가와줘서 에릭은 처음에 고마웠지. 그런데 에릭은 그리핀의 수상한 행동을 목격하게 돼. 그리핀은 어른들 앞에서는 착한 아이처럼 행동하지만 뒤에서는 서슴없이 남의 물건을 훔치기도 하고, 반 친구인 '할렌백'을 갖가지 방법으로 괴롭히지. 처음에 에릭은 많은 우리들이 그러하듯이 모른 척 방관하지. 하지만 결국 에릭은 점점 도가 심해지는 그리핀에게 친구를 괴롭히는 것은 너무 심하다고 용기를 내서 말하거든. 그때 그리핀이 뭐라고 하는지 알아?

"이봐, 친구. 난 아무 나쁜 짓도 안 했어. 넌 어때? (중략) 내가 기억하는 건 거기 함께 서서 하하 웃어대던 네 모습뿐이야."

그저 이야기로서 이 소설을 읽으면 '저런 나쁜 놈!' 하고 그리핀만 탓하겠지. 또 방관했던 에릭을 같이 비난할 수도 있어. 하지만 에릭의 입장과 상황을 공감하며 읽으면 '저런 행동을 할 수도 있어!'라고 이해하게 돼. 그러면서 동시에 그리핀이 말한 것처럼, 나 역시 늘 거기 서 있었던 것은 아닌지 스스로를 되돌아보게 되는 거지. 결국 작가가 전하고자 한 메시지는 그리핀의 악행에 대한 고발이 아니라, 그런 상황에서 그저 복잡한 일에 휘말리기 싫어서 방관자의 입장을 취했던 우리들의 모습을 돌아보라는 거였거든.

이후 에릭은 어떻게 했을까? 에릭은 방관자도 피해자도 되지 않기 위해 용기를 내어 그리핀에게 당당히 맞서기로 해. 그리핀이 한 짓을 적극적으로 알리고, 무리에 속한 아이들에게 폭력에 동조되지 않도록 설득하기도 하면서 말이야. 결국 에릭의 용기 있는 행동이 그 상황을 조금씩 바꾸었고, 이를 보면서 방관자였던 우리도 에릭처럼 행동한다면 분명 지금의 상황을 바꿀 수 있다는 메시지를 전달받는 거지.

문학작품에서는 이렇게 등장인물들에게 공감하는 능력 자체가 곧 문해력이 돼. 공감을 통해 작가가 하고 싶은 말, 소설의 핵심 메시지를 알아차리게 되니까 말이야. 그러면 우리는 작품을 자연스럽게, 그리고 온전히 이해할 수 있지.

질문이 늘 존재해야 한다

새 학기가 되어서 새로운 친구들을 만났어. 그중 한 친구에게 관심이 생겨서 친하게 지내고 싶어. 그러면 그 친구에 대해서 궁금해져. '어떤 초등학교를 졸업했을까? 공부는 잘할까? 좋아하는 운동은 무엇일까? 방과 후에는 무엇을 할까?' 등 그 친구에 대한 질문이 많아지지. 그리고 친구와 어울리며 질문을 하나씩 해결하는 과정에서 더 친밀한 관계를 맺게 되는 거야.

왜 갑자기 새 학기 친구 타령이냐고? 책도 마찬가지거든. 책과 더 친밀한 관계를 맺고 책의 내용을 좀더 자세히 알기 위해서는, 관심 있는 친구에 대해 궁금해할 때처럼 계속해서 질문을 해야 해. 질문을 던지면 그 답을 찾으려는 과정에서 책의 내용을 좀더 깊이 이해할 수 있거든. 그런데 막상 어떤 질문을 해야 할지 고민이 될 너희들을 위해서 (질문 유형이 반드시 정해져 있는 건 아니지만) 3단계로 나누어서 예시를 들어볼게. 질문은 자유로워야 하니까 이대로 해야 한다는 강박은 갖지 말고 간단히 참고만 하면 좋겠어.

1단계는 기초적인 수준이라고 할 수 있는데, 바로 책 내용의 객관적인 사실을 확인하는 질문이야. 책을 잘 읽었는지 점검하기 위해서 선생님이 건넨 질문에 답하거나, 독서퍼즐 같은 것들에서 나온 가로·세로 문제들을 풀어봤을 거야. 바로 그런 질문들을 해보는 거지. 아니, 책을 제대로 읽으려면 깊이 있는 질문을 가르쳐줘야지, 시시하고 단순하게 책의 내용에 대한 질문을 하라니 좀 이상하다고?

사실 질문을 만드는 일이 처음부터 쉬운 건 아니거든. 학생들에게 질문을 만들어보라고 했을 때 다들 내 눈치를 보다가 '자, 그럼 자기가 만든 질문 하나씩 발표해볼까?'라고 하면 고개를 푹 숙이고 눈을 피할 때가 많은 것을 보면 말이야. 책 내용도 이해가 될까 말까 하는데 거기에 질문까지 만들어내라니 말이지. 이럴 때 눈치 없이 이 작품에서 드러난 상징은 어떤 걸까, 궁극적 의미는 무엇일지 한번 알아보자고 하면 '그런 거 몰라도 사는 데 아무 지장 없어요!'라는 말이 튀어나올걸?

그래서 1단계에서는 단편적으로 책 속의 내용에 대한 질문을 해보는 데 집중하는 거야. 예를 들어 세대를 이어오면서 전해지는 인디언들의 지혜를 담은 소설 《내 영혼이 따뜻했던 날들》을 읽었다면 '할머니와 할아버지가 서로를 이해하고 사랑할 때 쓰는 말은?'이라든지 '증조할머니가 찌르레기의 붉은 깃털을 항상 머리에 꽂고 다녔기에 불린 이름은?' 혹은 '할아버지와 주인공 작은 나무가 한 달에 한 번 개척촌에 나갔던 두 가지 이유는?'과 같은 질문들을 만들어볼 수 있지. 기초적인 질문을 통해 책의 내용을 구석구석 살필 수 있는 장점도 있거든. 단순한 질문이 무슨 의미가 있나 의심할 것이 아니라, 질문 만들기에 익숙해지는 데 도움이 된다고 생각해보자. 그럼 책을 읽고 기분 좋게 질문을 만들 수 있을 거야.

책을 깊이 이해하고 나의 삶에 적용하기

2단계는 '저자의 의도를 파악하며' 까탈스럽게 질문하는 단계야. 예를 들어서 '(배경이나 언행, 설정 등을 감안해서) 내가 주인공이라면 실제로 어떻게 행동했을까?'라든지 '저자는 무슨 말을 하고 싶은 걸까?' 혹은 '주장과 근거, 그것이 연결되는 논리는 무엇일까?' 그리고 '내가 어떻게 연결해서 이해해야 하는가?' 같은 질문들이 바로 그것이지. 이 질문들에는 모두 '왜?'라는 질문이 숨어 있어. 내 상식의 수준에서 계속 생각해야만 답을 찾을 수 있는 질문들인 거지.

예를 들어 진보하는 기술 속에서 희미해지는 존재들에 대한 과학 소설 《천 개의 파랑》을 읽고 나서 '이 소설 속 등장인물들은 동물, 장애인, 쓸모없어진 로봇 등 하나같이 소수의 입장인데, 그런 등장인물들을 보면서 어떤 감정을 느꼈나? 작가는 이런 인물들을 통해 무엇을 말하려고 했던 것일까?' 같은 질문을 만들어볼 수 있지. 조금 어려워 보일지 모르겠지만 저자가 소설의 저변에 깔아놓은 배경, 인물에 '왜?'라는 질문을 던지며 탐색하다보면 작품이 말하고자 하는 바에 한층 가까워질 수 있을 거야.

3단계는 2단계에서 확장해 '이 책은 왜 이 제목일까?'에 집착해보는 거야. 이 질문은 작품이 담고 있는 의미들을 문어 다리처럼 연결하기 때문에, 책 내용을 내 상황에 어떻게 적용할지 사색하는 질문들과 자연스럽게 연결돼. 사고를 확장하기에 좋은 질문이지. 제목에 대한 의문을 토대로 깊이 분석하면 책이 말하고자 하는 바를 이해하는 데 크게 도움을 얻을 수 있거든.

방학 동안에 '고전 읽고 토론하기' 수업을 진행하면서 《앵무새 죽이기》를 학생들과 함께 읽었어. 어린아이의 시선으로 미국의 인종차별을 신랄하게 비판하는 소설인데 1960년 출간 직후 미국 전역에서 선풍적인 인기를 끌었고, 지금도 정의와 양심, 용기와 신념에 대해 토론해볼 만한 책으로 많이 읽히고 있지. 나는 학생들과 챕터를 나눠서 읽어본 후 먼저 이 책을 잘 이해하기 위해서는 한 가지 해야 할 것이 있다고 했어. 바로 제목에 대해서 고민해보기였지.

"주인공 '스카우트'의 오빠가 공기총을 선물받았을 때 아빠는 이렇게 말해. 어치와 앵무새를 죽이는 일은 죄라는 것을 기억해야 한다고. 어치와 앵무새는 이 소설에서 누구를 말할까? 소설의 제목은 왜 '앵무새 죽이기'일까?"

학생들은 이 질문을 통해, 평소에 별생각 없이 지나쳤던 제목에 대해서 진지하게 고민하게 되었대. 앵무새가 누구를 의미하는 건지 생각하면서 백인 우월주의 때문에 죄 없이 죽음을 당했던 '톰 로빈슨'을 떠올린 거지. '앵무새들은 (중략) 우리를 위해 마음을 열어놓고 노래를 부르는 것 말고는 아무것도 하는 게 없어. 그래서 앵무새를 죽이는 건 죄가 되는 거야'라는 구절을 뽑아내면서 말이야. 그렇게 제목의 의미에 다가가면 '저자가 하고 싶은 말은 무엇일까?'에 더해서 '그 말을 정확하게 어떤 상징(앵무새)을 이용해서 어떻게 표현하고 있는가?'에 대한 대답도 할 수 있게 돼. '내가 이해한 의미는 내 일상에서 어떻게 적용 가능한가?'까지도.

 누구도 예상하지 못한 토론의 전개는 결국 질문이 책임지더라. 다양한 질문을 하면 책의 내용이 전해주는 것보다 더 많은 것들을 생각하고 곱씹게 되거든. 그렇기 때문에 질문은 중요한 거야. 그냥 그렇구나 하고 지나갔을 때와는 전혀 다른 감상을 가져오니까.

6. 예측, 책을 읽을 때도 밀당이 필요해

예측하며 읽기는 예측의 대상이 되는 요소(읽기 맥락)를 통해 글의 구조나 글쓴이의 의도, 글의 결말 등 글의 내용을 깊이 있게 이해하는 방법 가운데 하나야. 우선 우리는 예측의 대상이 되는 요소인 '읽기 맥락'을 이해해야 하는데, 이 읽기 맥락에는 제목, 작가, 목차, 카피, 표지 그림, 서문 등이 있어. 하나씩 살펴보면서 책의 어떤 부분을 예측하는 데 도움이 되는지 확인해볼까?

읽기 맥락을 통한 예측하며 읽기

먼저 '목차'는 집필 과정에서 전체적인 책의 골격을 이루기 위해 아주 중요한 부분이야. 책을 통해서 무엇을 전달하고 싶은지, 그것을 어떻게 보여줄 수 있는지에 대해 '요약'한 부분이 목차거든. 방대한 내용을 요약하기는 어렵지만, 요약한 내용을 머릿속에 넣은 다음에 그것을 확장시킨 내용을 받아들이는 건 크게 어렵지 않아. 그래서 목차를 통해 작가의 의도가 담긴 '핵심어'들을 먼저 취하게 되면, 세부 내용을 직접 읽어보지 않더라도 전체적인 흐름을 파악할 수 있지.

'제목'이나 '카피', '표지 그림'은 단순히 홍보용 수단이 아니라는 걸 기억해야 해. 책의 가장 중요한 재료를 대놓고 알려주고 있는 것이니까 놓치면 안 되지. 예전에 내가 《B끕 언어》라는 책을 출간했을 때였어. 책의 표지엔 소화제 병 같은 것이 그려져 있었는데 인터뷰를 하면 이 표지에 대한 질문이 꼭 나왔었어. 나는 이렇게 답하곤 했거든.

"B끕 언어가 성적인 어원을 가진 나쁜 단어들도 있지만, 우리가 속이 답답할 때 소화제를 마시면 잠시나마 확 뚫리는 느낌처럼 속이 시원해지는 비속어도 있기 때문에 그런 비속어의 효과를 표현하고 싶었다."

표지 하나로 그 책이 담은 메시지를 바로 보여주고 예측할 수 있도록 하는 것, 이것이 바로 표지가 주는 예측의 힘인 거야. 그러니 표지를 단지 디자인의 한 요소로만 여기지 말고, 이 표지가 어떤 의미를 가지고 있을지 마음속으로 생각하면 책의 전체적인 내용을 이해하는 데 도움이 될 수 있지.

'제목'과 '카피'는 표지보다 더 직접적이야. 이 책이 어떤 메시지를 담고 있는지, 가장 중요한 키워드와 문장이 무엇인지를 '글'로 표현하고 있으니까. 표지처럼 그 의미를 고민해볼 필요도 없이 제목과 카피를 읽는 것만으로 책의 내용을 예측할 수 있는 거지.

나는 이 다양한 읽기 맥락들 가운데에서 책의 내용을 이해하고 호기심을 자극하는 데 있어 표지에 적힌 '추천사'에 꽤 흥미를 갖는 편이야. 고등학교 때 만난 네 소년의 이야기를 담은 소설 《예감은 틀리지 않는다》에서는 김연수 작가의 추천사가 무척 강렬하게 다가왔어. 그는 '무거운 주제에 비해서 소설이 잘 읽히는 까닭은 최종적인 종말의 의미는 소설을 다 읽어야만 밝혀지기 때문'이라고 말하지. 그리고 '종말의 관점에서 다시 인생을 되짚어보면, 모든 건 원인과 결과로 강하게 연결돼 있다는 것을 알게 된다고 적었어.

나는 김연수 작가가 말한 대로 '원인과 결과', '종말의 의미' 같은 단어들을 머릿속에 잘 기억하며 소설을 읽어나갔고, 마지막 장을 덮을 때 무릎을 탁 쳤어. '아, 종말이 이런 의미였구나!', '김연수 작가가 말한 원인과 결과가 이것을 의미하는 거구나!' 유명 작가의 추천사를 꼼꼼히 살펴보면서 그와 같은 시선으로 책의 내용을 바라보면 훨씬 더 흥미진진하게 감상할 수 있지. 추천사도 작가의 생각이 담긴 문장이라 그 감성을 공유하며 책을 읽으면 무척 재미있어. 특히나 좋아하는 작가의 추천사라면 보다 몰입도가 높겠지.

마지막으로 '서문(프롤로그)'은 책의 간략한 내용이나 작가의 집필 의도가 적혀 있는 글이라고 생각하면 돼. 서문을 읽고 작가가 말하고자 하는 바를 이해한 후 책을 읽는 것과 서문을 건너뛰고 책을 읽는 것은 많은 차이가 나. 비교해보자면 지도 앱으로 목적지와 경로를 확인한 후 길을 찾는 것과 그냥 무작정 길을 가는 것의 차이라고 할까. 그만큼 서문을 꼼꼼하게 읽으면서 머릿속에 내용을 정리하면 효과적인 독서를 할 수 있지. 훌륭한 책들은 대부분 서문부터 뭔가 다를 때가 많아. 잘 쓴 서문은 '우와! 빨리 이 책 본문을 읽고 싶다!'라는 생각이 들게 하거든.

앞에서 요약 능력은 문해력 가운데 가장 중요한 능력이라고 했잖아. 300페이지의 내용을 3~4페이지로 보여주는 건 쉽지 않은 일이니까, 생각과 메시지가 잘 요약된 서문은 작가의 글쓰기 내공을 보여주기도 하는 장치지. 또한 이 책을 어떻게 읽어야 할지에 대한 친절한 설명이 서문에 적힌 경우도 있는데, 그럴 때는 이미 책을 읽었다는 착각까지 들기도 해. 우리 머릿속에 작가의 의도가 가득해졌기 때문이지. 이렇게 작가의 의도를 생각하며 책을 읽으면 내용을 이해하는 데 엄청난 도움이 될 수 있고 말이야. 그러니까 첫 페이지라고 그냥 쉽게 생각하고 넘어가서는 안 되는 거야.

이런 식으로 읽기 맥락을 찬찬히 살펴보면서 내용을 예측하며 문학작품을 읽잖아? 그러면 이야기 전개가 어떻게 될지 다양하게 추측해볼 수 있고, 내용에 깊이 있게 접근할 수 있기 때문에 문해력에 큰 도움이 되지. 책을 다 읽은 다음에는 그 예측이 맞았는지 확인해보면서 사고 활동을 하게 되고, 이를 통해 비판적으로 읽고 생각하는 능력을 기르게 되고 말이야. 이 방법은 글에 집중하게 하고 내용을 깊이 있게 이해하는 데 도움을 주기도 하지만, 독자 스스로가 읽기의 목적이나 방향성을 설정하면서 글을 능동적이고 주도적으로 읽게 만든다는 점에서 아주 의미 있다고 볼 수 있지.

친구나 연인과 밀당을 많이 하잖아? 밀었다가 당겼다가 하면서 상대의 애도 태우고 호감도 얻고 하는 건데, 나는 예측하며 읽기가 밀당과 비슷하다고 생각해. 앞으로 어떤 내용이 전개될지 예측했다가 그 예측이 맞으면 기쁨을 느끼고, 그 예측이 틀리면 속상함이나 안타까움이 밀려오지. 그런 감정의 흐름과 변화들이 독서를 더욱 흥미진진하고 재미있게 만드는 것 같아. 그러니까 우리, 책과도 밀당을 한번 해보자고!

TIP 2.
문해력을 키우는 읽기 전략 4단계

자, 이렇게 문해력을 키우기 위한 읽기 방법! 모두 잘 읽어보았지? 백문불여일견(百聞不如一見)이잖아! 그러니 실전으로 들어가보자! 문학동네청소년문학상 대상 수상작인 《훌훌》을 읽고 요약하기, 질문하기, 내용 예측하기, 공감하기 등 다양한 활동을 통해 문해력을 차곡차곡 키워보자고!

1. 요약하기(줄거리)

(예시 1)

주인공인 고2 소녀 서유리는 입양아다. 하지만 자신을 입양한 엄마 서정희가 아닌 서정희 씨의 아버지와 함께 지내고 있다. 그러던 어느 날 서정희 씨의 사망 소식을 듣고 그때부터 서정희 씨가 낳은 9살 연우와 같은 집에서 살게 된다. 유리는 항상 자신의 과거를 끊어내고 싶었고 할아버지와도 거리를 두며 마음을 주지 않고 동거인처럼 지냈다. 하지만 연우가 등장하면서 모든 것에 변화가 생긴다. 대학생이 되어 훌훌 떠나 독립해 살겠다는 유리의 목표는 조금씩 무너지고 만다. 서로라는 이름으로 가족이 되어가고 있었기 때문이다.

이 소설은 내밀한 아픔을 이야기한다. 유리뿐 아니라 소설 속의 등장인물들은 모두 누구에게도 말하고 싶지 않은 아픔이 있다. 세윤이, 담임 선생님, 할아버지, 그리고 연우.

"사람마다 느끼는 고통은 각각 다른 것 같더라. 감당해 낼 여건도 다르고. 설령 나와 비슷한 상황에서 죽음을 선택한 사람이 있다고 해도 함부로 말할 수는 없을 거야." (중략) "살아온 길이 저마다 다르니까 함부로 판단할 수는 없을 것 같아. 나는 그 사정을 알 수가 없잖니."

아픔으로부터 훌훌 떠나고 싶던 유리가, 과거와의 단절을 선언하며 독립을 외치던 유리가 주위 사람들의 도움과 관심으로 연결되면서 아픔을 훌훌 털어버리게 된다. 아무리 힘들어도 곁에 한두 명의 좋은 사람이 있다면 모두가 외롭지 않고 삶을 좋은 방향으로 이끌 수 있다는 메시지가 희망적이었다. 가깝지만 사실 가장 곁을 내주지 않던 서로가 조금씩 거리를 좁혀가는 모습이 따뜻했다.

(예시 2)

주인공 유리는 어릴 때 입양되어 현재는 자신과 피 한 방울 안 섞인 할아버지와 남처럼 단둘이 살고 있다. 그녀를 입양한 어머니 서정희 씨는 그녀를 버려둔 채 떠났기 때문에 서정희 씨의 아버지(유리의 할아버지)가 유리를 맡게 된 것이다. 유리는 원래 부모가 누구인지도 몰랐고 심지어 자신을 입양한 부모로부터도 버림을 받았기 때문에 상처가 깊었다. 유리의 목표는 고등학교를 졸업해 이 집을 떠나 모든 걸 훌훌 털고 새로운 삶을 시작하는 것이었다.

그러던 어느 날 자신을 버리고 떠났던 어머니 서정희 씨의 부고를 듣는다. 그리고 그 어머니에게 연우라는 친아들이 있다는 사실을 알게 된다. 할아버지는 갈 곳 없는 연우를 자신의 집으로 데려온다. 그렇게 서정희 씨라는 공통분모를 가진 유리와 연우, 그리고 할아버지는 함께 살게 된다. 그런데 유리는 배 다른 동생인 연우를 돌보면서 이상한 점을 발견하게 된다. 초등학교 4학년이지만 구구단도 외우지 못하고, 말이 없고 밥도 허겁지겁 먹으며 심한 아동학대의 흔적까지 있다. 자꾸 이해할 수 없는 돌발 행동을 하면서 문제도 일으킨다. 유리는 그 이유를 알게 된다. 연우가 어머니 서정희 씨에게 오랫동안 괴롭힘을 당해왔고 제대로 돌봄을 받지 못해 몸과 마음에 상처를 입었다는 것을. 연우와 대화하고 일상을 함께하며 유리는 자기 자신에 대해 진지하게 들여다보게 된다. 그리고 연우가 자신과 같은 전철을 밟지 않기를 바라는 마음으로 가족애를 품고 연우를 돌보게 된다. 마치 남처럼 살아갔던 할아버지 또한 변화한 유리를 마주하면서 점점 그들은 진짜 가족의 모습이 되어가는데…. 유리는 그동안 외면하고 눌러왔던 원망, 분노, 두려움 등의 감정들을 마주하면서 어떤 성장을 이루게 될까?

2. 질문하기

책을 읽기 전에 제목, 카피, 표지 그림을 보고 질문 던지기!

읽기 전 질문	읽고 난 후 답해보기
	주인공 유리에게 닥친 문제들과 괴로움들이 손 놓은 풍선에서 바람이 빠지며 하늘로 날아가듯 훌훌 털어냈으면 좋겠다는 의미로 이런 단어의 제목을 짓지 않았나 생각한다. 각자가 마주하는 슬픔으로부터 도망치는 것이 아니라 삶의 일부로 여기며 살면서 이에 매몰되지 않고 자유

제목 '훌훌'은 어떤 의미일까?	로워지길 바라는 작가의 따뜻한 시선이 이런 제목을 만들어냈다고 생각한다. 제목의 가벼움과 대비되는 현실의 많은 이야기들에 마음이 무거워졌지만, 이 제목 덕분인지 유리의 힘든 마음들을 지켜주고 슬픔을 나누어 훌훌 날리면 좋겠다고 생각했다. 책을 통해 누군가를 지켜주고 싶은 마음이 생긴다는 것은 기적 같다는 생각이 든다.
카피 과거를 싹둑 끊어내면, 나의 내일은 가뿐할 텐데. 결말을 통해 이 카피가 주는 의미에 대해서 생각해보자.	누구든 나의 과거 한부분을 싹둑 끊어내고 싶다고 생각한 적이 있을 것이다. 입양아였던 유리도 마찬가지였다. 아무 연고도 없다고 생각한 이 집에서 모든 것을 훌훌 털고 과거의 나를 버리고 떠나려 했다. 하지만 연우를 만나고 나서 조금 복잡해지기 시작한다. 연우와 거리를 둔다면 간단할 텐데 이상하게 자꾸 연우에게 마음이 간다. 떠나지 못할 이유가 생겼는데 속상하거나 슬프지 않았다. 유리는 곁에서 그녀를 묵묵히 바라봐주는 친구들과 선생님 덕분에 과거를 잘라내고 모든 것을 새로 시작하고 싶다는 생각보다는 그 과거와 현재를 통해 새로운 나를 만들어가는 게 어떨까라고 생각한다. 그렇기에 더 이상 과거의 나에 얽매이지 않게 되었고 연우와 할아버지에게 진짜 가족이 될 수 있었을 것이라 생각한다.

표지	이 표지에서는 어느 공원의 계단 끝을 오르고 있는 사람(유리)이 보이는데, 유리의 현재 마음의 상태를 보여주는 것이 아닐까 생각이 들었다. 모든 답답함과 우울함을 날려버리고 시원한 바람과 마주한 상태.
표지는 무엇을 이야기하고 싶은 것인지 내용을 예측해보자.	하늘에는 따스한 햇살 한 줌이 비추고 푸르른 나무들이 자신의 존재를 뽐내는 싱그러운 초여름 날씨가 연상되는 표지가 마치 유리의 가붓한 기분을 대변하고 있는 듯하다.

3. 내용 예측하기

책의 내용과 관련하여 뒤에 이어질 내용이나 관련된 질문을 만들어 상상하며 읽기!

생각해볼 만한 질문	질문에 대한 답
예시) 다른 사람들이 가진 상처와 아픔을 깊이 이해하는 데 어려움이 많을 때가 있다. 작품에 나오는 유리나 세윤이와 같은 입양아들을 나는 어떤 마음으로 대해야 할까? 내가 어떤 행동으로 일관해야 상처받지 않고 따뜻한 관계를 유지할 수 있을까?	예전에 '장애에 대해 잘 아는 우리'라는 장애인식개선 교육 프로그램에서 이런 말을 들었다. 장애인들을 대할 때, "안됐다" "불쌍하다" 등의 눈빛과 표정으로 그들을 대하는 것이 더 큰 상처가 된다고. 그저 장애는 불편함으로 인식하면 된다고. 내가 영어를 못 해서 외국인과의 대화가 서툴러서 조금 불편한 것과 같다고 말이다. 사실 나도 그동안 입양이라는 말을 들으면 안타까운 마음이 앞섰다. 하지만 입양이 대수냐며 잘

	살면 그만이라는 주봉의 말처럼 우리는 그들의 마음에 동요를 일으킬 필요도 동정할 필요도 없다는 생각이 든다. 그저 옆에서 유리의 친구들처럼, 담임 선생님처럼 그렇게 그들을 바라봐 주면 되는 것 같다.
예시) 버거운 덴 각자의 이유가 있지만 마음이 가붓해지는 법은 어쩌면 단 하나라는 말이 나온다. 유리와 연우, 그리고 할아버지와 친구들과의 이야기에서 얻을 수 있는 마음이 가붓해지는 법은 무엇일지 고민해보자.	마음이 가벼워지기 위해서는 관계를 끊고 나아가는 것이 아니라 유리처럼 마음을 나누는 관계를 맺어야 한다는 생각이 들었다. 숨기지 말고 고민을 나누고 서로를 의지하는 것이 가붓해지는 가장 좋은 방법이 아닐까. 또한 그러기 위해서는 버거운 현실을 이해하고 인정하고 숨겨온 감정에 솔직해져야 한다고 생각한다.
예시) 이 작품에는 재미있고 짠하기도 하고 따뜻하기도 한 입체적인 캐릭터들이 많이 나온다. 그 가운데에서 가장 애정이 가는 캐릭터는 누구일까?	유리를 포함한 등장인물들의 캐릭터가 모두 마음에 와 닿았다. 그 가운데에서도 가장 위로가 되었던 캐릭터는 사람들을 웃기는 일을 더 좋아하지만 생각이 많은 친구들 곁에서 힘이 되어주는 주봉이었다. 주인공의 아픔과 고통을 이해하고 그것에 함몰되지 않게 하며 현재의 삶을 지키기 위해 주변의 존재를 돌보며 마음 쏟는 주봉이를 보며, 그의 온기와 친구에 대한 믿음 덕분에 마음이 따뜻해졌다.

4. '좋아요' 공감 버튼 찾기

책의 내용 가운데 공감되는 구절을 찾아보고 자신의 생

각을 표현하기!

페이지	공감되는 구절	공감한 부분
예시) 20쪽	감추는 일은 반복할 때마다 익숙해졌다. 어느 지점에서 입술을 얇게 다물어야 하는지, 어디에서 시선을 돌리거나 화제를 바꿔야 할지 자연스레 터득했다. 문제는 알 수 없는 수치심이었다. 내 처지에 대한 원망과 분노, 배신감 같은 감정이 일렁일 때면 항상 수치심도 함께 움찔거렸다.	다른 사람에게 자신의 입양에 대해 설명해야 할 때 유리가 느끼는 감정들이 안타까웠다. 자신이 선택할 수 없는 일들 때문에 자라면서 느꼈을 외로움, 억울함, 수치심이 느껴져서 어린 마음속에 얼마나 서러움이 남았을지 괜히 내가 대신 미안해졌다.
예시) 206~ 207쪽	그 정도면 죽을 만큼 힘들었다고 말할 수 있을 것 같은데, 그것보다 더 독한 일들이 세상 곳곳에서 벌어지더라. 일단 우리는 전쟁은 겪고 있지 않잖아. 지독한 곳에 끌려가서 고문을 당하는 것도 아니고, 그래서 내가 겪은 일로 죽어버리겠다고 말하기는 나는 좀 그래. 하지만 유리야. 사람마다 느끼는 고통은 각각 다른 것 같더라. 감당해낼 여건도 다르고, 설령 나와 비슷한 상황에서 죽음을 선택한 사람이	살아온 길이 저마다 다르기 때문에 함부로 판단할 수는 없다는 말이 마음에 와닿았다. 모두가 그 사람의 사정을 알 수는 없다는 말도. 그리고 그 말을 듣고 유리는 서정희 씨에 대한 마음을 좀 내려놓을 수 있었고, 연우의 상처에 대해서도 더 헤아려보려고 노력했을 것 같다. 사람들은 자신의 경험을 바탕으로 모든 상황을 판단하는 것 같다.

	있다고 해도 함부로 말할 수는 없을 거야. (중략) 살아온 길이 저마다 다르니까 함부로 판단할 수는 없을 것 같아. 나는 그 사정을 알 수가 없잖니.	함부로 말하기보다는 상대방의 상황을 마치 나의 상황처럼 이해하는 그런 자세가 필요하다고 생각한다.
예시) 254쪽	모든 고통은 사적이지만 세상이 알아야 하는 고통도 있다. 무엇으로 아프고 힘든지 함께 나누고 이야기해야 세상이 조금씩 더 나아지기 마련이다.	이 문장은 어떤 생각을 가지고 어떤 시선으로 세상을 바라봐야 하는지 다시 한 번 나의 일상을 돌아보게 만들었다. 꼭 큰일이 아니더라도 주위의 친구들이 겪는 고통과 괴로움을 알게 되었을 때 당장 어떤 행동을 할 수는 없을지라도 최소한의 따뜻한 시선과 관심을 가지는 것이 중요하다고 생각했다.

출처: 문경민, 《훌훌》, 문학동네(2022).

1. 글쓰기, 최애의 성덕부터 선생님 감동까지

우리는 글쓰기에 대해 부담스럽고 어렵다고만 여기지만, 생각해보면 우리는 항상 글을 쓰고 있어. 문자메시지나 SNS에 쓰는 글, 신문기사나 인터넷 게시글에 다는 댓글, 메모 등 모두가 글쓰기의 일환이거든. 인터넷이 발달하지 않았을 때에만 해도 이 정도는 아니었어. 소식도 전화로 직접 전할 때가 많았지. 하지만 지금은 나조차도 톡으로 안부나 용건을 전하는 게 훨씬 편해. 즉 의식하지 못하지만 현대인은 항상 글을 쓴다고 볼 수 있지. 매일 글을 쓰고 있으니까 조금 신경을 쓰면 좋겠지? 물론 작가처럼 유려하게 쓸 필요는 없지만, 잘 쓰는 것이 분명 유리하긴 하니까.

글쓰기를 잘하면 구체적으로 뭐가 좋을까? 성장 과

정에서 만나는 큰 관문마다 글쓰기가 떡하니 버티고 있다는 거 너희가 더 실감할 듯해. 예를 들어 초등학생 때 자주 과제로 주어지는 독후감이 있지. 사실 독후감은 대충 쓰고 제출하면 그만이었을지도 몰라. 하지만 고등학생이 되면 대학 입시를 위해 논술시험을 준비해야 하지. 또 대학생이 되면 중간고사나 기말고사 등 시험이 죄다 서술형일 뿐 아니라, 과제를 리포트 형식으로 제출해야 하니 글쓰기를 피할 수 없어. 그럼 대학을 졸업하면 이런 글쓰기 지옥이 끝날까? 아니! 취업을 위해 자기소개서를 써야 하고, 회사에 들어간 이후에도 각종 제안서나 기안서를 작성하는 등 끝없는 글쓰기의 늪에서 헤어나오기는 힘들어. 무조건 잘 쓸 필요는 없지만, 잘 쓰면 유리하다는 것은 바로 이런 상황을 두고 한 말이야.

그런데 이것보다도 더 중요한 이유가 있어. 글쓰기는 바로 일상의 소통과 관련되어 있다는 점이야. 말은 표정이나 억양처럼 비언어적 표현을 통해 전달력을 높일 수 있는데 반해 글은 그렇지 않지. 단어나 구절, 문장으로만 뜻을 전달해야 하니까, 제대로 쓰지 않으면 나의 의도가 왜곡될 수 있어. 자칫하면 서로 간의 관계에 악영향을 끼칠 수도 있을 거야. 또 직접 말로 하기는 어려운 이야기를 글을 통해 할 수도 있지. 예를 들면 이성 친구에게 고백하는 편지를 쓰거나 친구랑 싸웠을 때 사과 편지를 쓰는 경우가 있잖아. 글은 직접 말하는 게 아니니 용기를 내어 더 쉽게 마음을 전달할 수 있고, 감정이나 기분이 훨씬 정제되어 있기 때문에 진심을 잘 드러낼 수 있어.

혼자 살아갈 수 없는 현대 사회에서 글쓰기는 독후감 상을 타거나, 좋은 대학에 가거나, 대학에서 좋은 성적을 얻거나, 원하는 곳에 취업하는 것보다 더 중요한 순간에 필요하다는 거지. 바로 관계에 영향을 미칠 수 있다는 점에서.

부모님께 칭찬받으며 아이돌 굿즈 사기

　SNS를 열 때마다 나에게 꼭 필요한 상품을 소개하는 카드뉴스를 만난 적이 있을 거야. '어, 내가 지금 이게 필요한지 어떻게 알았지?'라는 놀라움과 함께 '와! 정말 간절히! 사고 싶다!'라는 마음이 들잖아. 이런 카드뉴스는 마케팅의 한 방법인데, 매력적이고 간단한 문구가 지닌 설득력이 너무 강력해서 나도 모르게 지갑을 열게 만들어. 한마디로 '거부할 수 없는 제안'인 셈이지.

　이런 거부할 수 없는 제안은 상품을 판매하기 위한 홍보의 목적이 아니어도 우리 일상에서 자주 필요해. 뭔가 갖고 싶어서 부모님의 도움을 받아야 할 때를 떠올려보자. 이때 글쓰기만 잘해도 원하는 것을 쉽게 얻어낼 수 있어. 부모님이 기분 좋게 우리의 부탁을 들어주도록 하는 방법이지. 예를 들어 좋아하는 가수의 앨범이 새로 나왔다고 해보자. A버전과 B버전을 모두 구입하고 싶은데, 가진 용돈으로는 부족할 때가 있잖아. 엄마에게 도와달라고 요청하고 싶은데, 자칫했다간 등짝을 맞고 혼날 것 같은 불길한 예감이 든다면? 다음의 글 같은 제안서를 써보는 거야.

어머니(급 존칭 매우 중요함! 공적인 느낌을 주고 진지하다는 것을 표현해주니까), 제가 어머니께 제안 하나 해보아도 되겠습니까? 이번에 2XX의 정규 앨범이 2021년 X월 XX일에 발매된다고 합니다. 구성을 살펴보았더니 CD-R 2종 중 1종이 삽입되어 있고 포토북에 포토카드, 미니 양면 포스터에 TMI 페이퍼까지 역대급 혜자 구성입니다. 선택에 따라 예약 판매 특전(폴딩 포토카드, 피스 포토카드) 2종까지 지급한다고 하네요. 이번 앨범은 구성부터 시작해서 이리저리 보아도 소장각이 틀림없습니다. 그들의 음악성은 어머니도 익히 알고 계시죠? 제가 〈우리집〉 역주행 동영상을 볼 때마다 어머니도 '우리집으로 가자~' 하면서 슬쩍 흥얼거리셨던 거 다 기억납니다.

(▶ 여기서는 사고 싶은 제품에 대한 구체적인 정보를 넣어주는 거지.)

물론 제가 2XX 오빠들에게 빠져 공부를 소홀히 할까 걱정되어 새 앨범을 사주시는 데 망설이시는 어머님의 마음은 백번 이해합니다. 하지만 제가 오빠들의 일본 투어 영상에 한국어 자막을 넣어 올린 것 보셨지요? 저는 덕질을 하며 이미 일본어를 수준급으로 끌어올린 바 있습니다. 스스로 공부한 끝에 학원 한 번 가지 않고도 일본어능력시험 1급을 딸 수 있었습니다. 저에게 덕질은 공부에 방해되는 일이 아닙니다. 오빠들에게 떳떳한 팬이 되기 위해 제자리에서 제 역할을 하면서, 오빠들처럼 좀더 나은 방향으로 발전하고 있는 하나의 과정이랍니다.

학업 때문에 지치고 힘들 때마다 오빠들의 음악을 들으면서 이겨냈습니다. 앞으로도 현재의 위치에서 최선을 다하며 지금보다 더 나은 사람이 되기 위해 노력할 것입니다. 2XX 오빠들의 선한 영향력을 믿으니까요.

(▶ 앨범을 샀을 경우에 나타날 긍정적 변화, 앨범 구입이 그저 덕질이 아닌 특별한 의미가 있음을 강조!)

166

앨범이 2종이기 때문에 부모님께서 그 비용이 부담되실 것으로 사료됩니다. 모두 부담해달라는 것은 도둑놈 심보지요. 그래서 그동안 모아둔 용돈 가운데 2만 원을 앨범을 사는 데 보태도록 하겠습니다. 그리고 감사의 마음을 담아 안마 5회권, 저와의 데이트 3회권을 함께 드리도록 하겠습니다. 어마어마한 혜택 그냥 지나치지 마시고, 되로 주고 말로 받는 신기한 경험을 누려보세요.

(▶ 세상에 공짜는 없는 법! 무조건적으로 의지하지 않는 태도를 보이며 안마권, 데이트권 등 부모님이 기분 좋게 생각할 만한 다양한 혜택을 약속함.)

– 딸 희린 올림

엄마한테 대뜸 덕질을 위한 앨범을 사달라고 해봐. 우선 엄마의 매서운 눈매에 주눅부터 들겠지. 그다음엔 공부나 하라는 핀잔을 들어야 할 거야. 하지만 이렇게 진심을 담은 글을 전한다면, 결과가 다르지 않을까? 똑같은 이야기를 하더라도 어떤 방식으로 말을 꺼내는지, 어떻게 설득을 전개하는지에 따라 기분 좋게 앨범을 얻는 것으로 끝날지, 잔소리 가득한 등짝 스매싱으로 마무리될지 결과가 달라질 수 있다는 거지.

이렇게 감정에 호소하는 글을 쓸 때에는 두 번째 문단에서처럼 '물론 제가 2XX 오빠들에게 빠져 공부를 소홀히 할까 걱정되어 새 앨범을 사주시는 데 망설이시는 어머님의 마음은 백 번 이해합니다'라며, 부모님이 우려하는 바를 분명히 인지하고 있음을 알리고 그 우려를 불식시켜주는 반론을 쓸 필요가 있어. 그러면 엄마는 '우리 아이가 엄마의 우려까지 헤아리며 깊이 생각하고 있구나! 무작정 떼쓰고 있는 게 아니구나' 하는 인상을 받으면서, 동시에 아이의 제안이 합리적이고 상식적이라 판단할 수 있지.

마지막 마무리('어마어마한 혜택 그냥 지나치지 마시고, 되로 주고 말로 받는 신기한 경험을 누려보세요')처럼 웃음이 나올 만한 문구를 추가하는 것도 좋아. 심각한 상황에서의 '풉'은 긴장을 풀어주면서 마음을 말랑말랑하게 만들어주거든. 지금은 덕질 굿즈를 구매하기 위한 제안서를 예로 들었지만, 사실 부모님과 이와 비슷한 타협을 해야 할 경우들이 참 많잖아. 이런 제안서의 기술을 연마해두면 타협의 효과가 훨씬 더 크다는 사실을 잊지 말자고! 부모님과의 관계에도 분명 좋은 영향을 끼칠 수 있을 거야.

반성문 하나로 선생님 감동시키기

　'한 학기 한 권 읽기' 수업을 진행하는 중이었어. 학생들이 한 학기 동안 읽겠다고 결심한 책들을 개인적으로 준비해야 하는데, 책은 죽어도 내 돈 주고 못 사겠다는 친구들이 많았지. 그래서 이 친구들은 학교 도서관을 이용하려고 했는데, 호락호락하지 않았어. 전부 대출 중이었거든.

　그래서 나는 수업 시간에 학교 전자도서관의 e-book을 태블릿이나 스마트폰으로 볼 수 있도록 허락해주었지. '고3이니까 설마 게임을 하거나 웹툰 같은 걸 보지는 않겠지!' 하는 굳은 믿음이 있었는데 왜 슬픈 예감은 틀리지 않는 걸까. 한 학생이 웹툰을 보다가 걸리고 말았어. 내 수업 시간에는 '스마트폰을 하다 들키면 일주일간 선생님께 보관'이라는 무언의 약속이 있기 때문에, 그 학생의 스마트폰은 내 서랍 속으로 들어오게 되었지.

　수업이 끝나자 그 학생이 내게 찾아와 '사실은 그것이 아니오라~ 그러려고 했던 것은 아닌데~ 어쩌고저쩌고~' 하며 구구절절 사연을 읊기 시작했어. 나라고 학생의 스마트폰을 뺏으면 마음이 편하겠어? 그래서 이렇게 말했지. '선생님의 마음을 울릴 수 있는 반성문을 써와! 글에 담긴 반성의 정도와 감동의 레벨에 따라 약속을 철회하고 다시 돌려줄지 말지 고민해볼게'라고. 그랬더니 정말 5분 만에 대충 이렇게 써온 거야.

> **반성문**
>
> 선생님, 저에게 스마트폰은 정말 소중한 존재입니다. 제가 매일 학원을 가는데 학원을 갈 때 필요한 교통카드가 스마트폰 안에 들어 있습니다. 스마트폰을 가져가시면 제가 학원을 갈 수 없고 공부에 몰두할 수 없습니다. 수업 시간에 웹툰을 본 것은 정말 잘못했습니다. 스마트폰을 돌려주시면 감사하겠습니다.

글을 쓰기 위해서는 그 목적이 무엇인지를 항상 고민해야 해. 내가 왜 이 글을 쓰고 있는지를 생각해야 한다는 말이지. 그런데 이 친구는 반성문에 대한 이해가 부족했어. 내가 글을 쓰라고 한 의도, 자신이 글을 쓰는 이유 자체를 모른 거지. '반성문'은 기본적으로 자신의 잘못이나 모자람을 돌이켜 앞으로의 행동을 다짐하는 성격의 글이잖아. 잘못을 진심으로 뉘우치고 다시는 같은 잘못을 반복하지 않겠다는 각오를 보여야 맞지.

그럼 이 반성문이 뭐가 잘못되었는지 뜯어볼까? 먼저 반성에 대한 진정성이 없어. 자신의 잘못에 대한 반성을 제대로 전하기보다는 대뜸 스마트폰을 받아야 하는 이유부터 이야기하고 있지. 선생님 입장에서는 '제가 정말 잘못했어요. 웹툰이 너무 보고 싶어서 그 마음을 참지 못하고 잠깐 웹툰 페이지를 열고 말았습니다. 다시는 수업 시간에 딴짓을 하지 않겠습니다'라는 이야기를 들어야 하지 않겠어? 그래야 선생님도 '그래, 다음부터는 하지 마라!' 하고 깔끔하게 스마트폰을 돌려줄 명분이 생기잖아. 그런데 다짜고짜 내놓으라는 느낌으로 '잘못은 했지만 스마트폰이 나에게 정말 소중하기 때문에, 선생님이 스마트폰을 돌려주지 않으면 나의 일상생활에 문제가 생길 수 있습니다. 그러니 돌려주시면 좋겠습니다'라고 말하면? 선생님도 이렇게 생각하겠지? '어라? 이 녀석, 잘못해놓고 반성의 기미가 하나도 없네!' 그러면 선생님은 괘씸한 마음이 들 수밖에 없지.

글에는 표정이 없다고 말했잖아. 사실 이 친구는 정말 깊이 뉘우치고 있었을지도 몰라. 하지만 글자 자체만으로는 그 마음을 전하기가 쉽지 않기 때문에, '반성'처럼 고차원적인 감정을 표현하는 글은 두괄식 문장을 쓰는 게 좋아. 도입부에 (글을 쓰는 목적과 부합한) 내가 하고 싶은 말을 한마디로 요약해서 첫 문장으로 쓰는 거야. 이 경우에는 스마트폰이 소중하다는 사실을 어필하기 전에 가장 먼저 잘못했다고 인정하고 사과해야 모범답안인 거지. 그다음에는 왜 그 잘못을 저질렀는지 이유를 설명하고, 마지막으로는 다시는 이런 일이 재발하지 않도록 노력하겠다는 약속을 넣으면 훌륭한 반성문이 될 수 있어. 이렇게 하면 선생님도 화가 좀 누그러질 거야.

　사실 반성문은 어려운 글이 아니야. 진심만 담으면 되거든. 괜히 반성문을 잘 포장해보려 하다가 그저 상황을 모면하려고 그럴싸하게 썼다는 부정적인 인상을 줄 수도 있으니까, 그냥 솔직하게 뭘 잘못했는지 쓰면 되는 거야. 좀 서툴고 어색한 글이더라도 나의 마음을 제대로 전달하는 게 중요한 거지. 누구나 실수나 잘못을 할 수 있고, 그 사실은 선생님도 잘 알고 있어. 그러니까 반성문을 쓰게 하는 건 실수나 잘못을 벌하려는 의도보다는, 앞으로 같은 실수나 잘못을 되풀이하지 않겠다는 약속을 맺으려는 의미가 강하거든. 깔끔하게 잘못을 인정하고 다시는 하지 않겠다는 의지를 글로 드러낸다면, 선생님도 그 진심을 충분히 헤아려주시리라 믿어.

최애의 성덕까지 될 수 있다

나도 언제부터인지 늦덕(오랜 시간이 지나 입덕한 팬)으로 살고 있지. 새로운 팬덤 용어를 학창 시절 영어 단어 외우듯 매일 익혔고, 생일 카페에 가서 팬들과 함께 최애의 생일을 축하하는 등 팬덤 문화도 몸소 경험해봤어. 그러던 어느 날, 최애를 직접 만날 수 있는 기회가 생겼어. 바로 최애가 모델로 있는 회사에서 론칭 10주년을 맞이해 이벤트를 연 거야. '나의 행복했던 특별한 순간'에 대한 사연을 써서 당첨이 되면 최애를 렌즈가 아니라 내 눈으로 볼 수 있다는 거였어.

기억하고 공유하고 싶은 여러분의 특별한 순간을 알려주세요.
참여 사연을 선발하여 XX와 함께하는 이벤트에 초대합니다.
자세한 참여 방법은 아래 내용을 확인해주세요.

[참여 방법]
댓글로 나의 행복했던 특별한 순간에 대한 사연과 필수 해시태그 남기기.
공식 계정 팔로우는 필수!

※주의- 거짓 사연, 명의 도용, 중복 사연 등은 자동 취소 및 당첨 무효
처리됩니다.

솔직히 이런 기회가 또 언제 있겠어. 팬들은 다들 이를 악물고 생업도 제쳐둔 채 글쓰기 실전에 돌입했어. 그리고 발표 날, 일말의 희망을 품고 있던 나는 똑 떨어지고 말았지. '역시 자기들끼리 짜고 치는 고스톱'이라며 나를 위안하고 있는데, 덕질 메이트가 이벤트에 당첨되어 직접 그를 만나러 간다는 소식을 듣게 된 거야. 나는 부러움을 뒤로한 채 도대체 사연을 어떻게 썼는지 집요하게 물었어.

나중에 그 친구가 나에게 사연을 슬쩍 보여주었는데 너무 평범해서 놀랐어. 사실 그런 사연들은 어느 정도 글에 은유나 직유로 기름칠이 되어 있어야 뽑아줄 거라고 생각했거든. 그런데 덕질 메이트의 글은 굉장히 평범했어. 대신 '나의 행복했던 특별한 순간'에 딱 들어맞는 포인트가 정말 담백하게 살아 있었지. 진정성 있게 고백하는 '나의 행복했던 특별한 순간'과 그 회사의 제품, 그리고 최애를 하나로 잇는 간결하지만 감동이 있는 사연이었어. 이벤트의 취지를 제대로 이해한 글이었던 거지.

사실 난 발표 전까지 이벤트에 대해 꽤 냉소적이었거든. 아무리 열심히 써도 뽑히기 어려울 거라는 생각이었지. 그런데 정말 진심이 그대로 느껴지는 글을 뽑은 것을 보고, 그 기업 자체를 신뢰하게 되었어. 그리고 이벤트의 의도를 정확히 파악하고 '기교'나 '기술'보다 '진심'에 초점을 맞춰 사연을 쓴 그 친구는 최애와 눈을 맞추고 손도 잡아볼 수 있었어. 글을 잘 쓰면 이렇게 성덕이 될 수도 있단다! 기회는 언제든 불쑥불쑥 생기니까 우리는 늘 준비하고 있어야 해.

글을 통해 스스로 바라는 기회를 만든 또 다른 경우가 있어. 우선 아래 글부터 한번 볼까?

동아리 계획서 '북 솔루션 프로젝트'

도서관에서 일어나는 문제점들을 살펴보고, 행정학과(정책)가 진로인 30314 최OO와 역사학과가 진로인 30316 최OO가 이를 해결하는 북 솔루션 프로젝트를 진행하고자 합니다.

우선 도서관에서 일어나는 문제들(예를 들면 조용해야 하는 도서관에서 떠드는 아이들이 있는 문제, 책을 제자리에 두지 않는 문제 등)을 찾기 위해 OO고 학생들을 대상으로 설문조사를 진행할 것입니다. 설문조사에 서는 정책 프레이밍 효과와 같은 이론적인 부분도 사용해볼 예정입니다. 다음으로 설문조사를 통해 얻은 정보를 토대로 문제점을 진단한 뒤, 해결책으로서 다양한 선례 정책들을 적용해보고자 합니다. 정책에 대한 역사적 배경을 고찰하고 정책 모형, 정책 이론과 같은 심화 개념을 접목해보며, 실제로 효과가 있는지 분석해볼 것입니다. 현재 생각하는 바로는 대표적으로 넛지 효과를 활용해 도서관에 음소거 스티커를 붙이고, 책을 제자리에 꽂도록 유도하는 표지판(또는 안내 포스터)을 설치하여 자연스

어느 날 동아리 학생이 나에게 찾아왔어. 행정학과를 지원하는 학생이었는데 자신이 책에서 읽은 부분들을 토대로 정책을 마련하여 도서관의 모습을 변화시키고 싶다고 계획서를 써 온 거였어. 진로와 관련된 활동을 스스로 파악하고 제안하고 실천하는 노력을 통해 자신이 원하는 바를 이루고자 한 거지.

나는 학생들에게 늘 이야기해. 뭔가를 제안할 때에는 이렇게 형식에 맞추어 작성한 문서를 제출하라고. 제안서를 쓰는 와중에 스스로 얻고자 하는 바를 명확하게 확인할 수 있고, 또 자신이 정말 원하는 것, 자신이 하고 싶은 것에 대한 의지가 한층 강해진다고 말이야. 사실 이런 활동을 하기 위해서는 선생님의 도움이 절실해. 활동할 수 있는 장소에 대한 협조도 구해야 하고, 설문조사에 대한 조언도 얻어야 하고, 음소거 스티커를 붙이는 데도 동의가 필요하지.

나는 학생의 제안서를 보는 순간, 적극적으로 도와주고 싶다는 생각이 진심으로 들었어. 글은 이런 힘이 있는 것 같아. 말보다 훨씬 더 체계적이고 객관적으로 현상이나 상황을 바라볼 수 있게 해주지. 그래서 더 설득력이 강하고 말이야. 글쓰기는 대학이나 취업을 위해서 잘해야 한다는 뻔한 이유 말고 모든 순간에 특히나 사람들과의 관계에 관여하기 때문에, 그리고 그 관계가 나의 일상과 나의 미래에 너무나 중요하기 때문에, 평소에도 글쓰기에 대한 중요성을 잊지 않았으면 좋겠어. 네가 지금 이 계획서를 보고 느낀 그 기분이 바로 글쓰기가 필요한 이유 아닐까?

2. 제목부터 퇴고까지, 기본만 지켜도 성공

SNS나 블로그 등 디지털로 소통하면서, 글쓰기에 대한 중요성이 더 커지고 있어. 사람들은 유튜브와 같은 영상매체들을 선호하지만, 결국 영상보다 더 깊이 있게 메시지를 전달할 수 있는 건 글쓰기라는 사실을 잘 알고 있지. 그런데 글쓰기에 필요한 것은 무엇일까? 어떻게 하면 글을 잘 쓸 수 있을까?

글쓰기에서 가장 필요한 것은 바로 문해력이야. 누차 강조하지만, 문해력은 어휘의 뜻만을 해석하고 이해하는 것이 아니라 그것을 둘러싼 여러 상황이나 맥락을 제대로 이해하는 능력이지. 때문에 문해력이 있으면 다양한 상황과 맥락에 맞게 생각이나 감정을 풍부하게 정리할 수 있고, 그런 글은 당연히 좋은 글이 될 수 있지. 게다가 문어체에서 사용하는 어휘나 문법은 구어체에서 쓰는 것과는 다르거든. 대화를 할 때는 조사를 생략하거나 어순이 뒤바뀌는 등 문법적 오류가 있어도, 또 사전에 등재되지 않은 단어들을 사용해도 의미가 통하곤 하잖아. 하지만 글을 쓸 때 문법적 오류가 생기거나 표준어를 제대로 사용하지 않으면, 그 글에 대한 신뢰도가 떨어질 수 있어. 글의 맥락을 이해하는 문해력이 기반이 되지 않으면 정확한 문법을 사용하는 데도 어려움을 겪고, 결국 글의 완성도가 떨어질 수 있지.

반대로 생각하면 좋은 글을 쓰기 위한 연습을 꾸준히 한다면, 문해력이 자연스럽게 향상될 수 있다는 이야기이기도 해. 우리가 문해력을 향상시키기 위해서는 '읽기'뿐 아니라 '쓰기'도 중요하다는 거지. 즉 책만 읽을 것이 아니라 책에서 얻은 경험이나 생각들을 글로 표현해볼 필요도 있다는 거야. 그것이 나 혼자 보는 글이든 남들에게 보여주는 글이든 간에 상관없이.

사람도 글도 첫인상이 중요하다

글쓰기에서 가장 중요한 게 뭘까? 나는 바로 '제목'이라고 얘기할 거야. '선생님, 글의 내용이 가장 중요한 거 아닙니까?'라고 누군가가 반문할 수도 있겠지. 맞아! 당연히 내용도 아주 중요해. 과자의 과대 포장이 그 회사 제품에 대한 신뢰를 잃게 만드는 것처럼, 제목만 그럴싸하고 내용이 부실하면 사람들은 글에 대해 실망할 거야.

물론 누구에게 보여줄 생각이 전혀 없는 글이라면, 제목은 굳이 필요 없을 거야. 하지만 누군가가 읽어주길 바라는 글, 혹은 누군가가 읽어야만 하는 글이라면 제목을 통해 관심을 끄는 게 중요해. 사람들은 대부분 제목에서 호기심이 동해야 본문을 읽곤 하거든. 제목에서 별 매력을 느끼지 못하면 본문은 읽지 않고 패스하는 경우도 많은 거지.

그러면 어떤 제목이 좋을까? 좋은 제목은 글의 내용을 담고 있으면서, 동시에 읽어보고 싶게 만드는 거야. 책 제목들을 예로 들어볼게. '세계사를 바꾼 10가지 감염병'과 같은 제목은 감염병이라는 키워드를 통해 세계사를 살펴본다는 내용을 분명히 전달하지. 또 숫자 '10'을 통해 주요한 감염병 10가지만 엄선했다는 느낌을 주고 있어. '어른의 그림책'의 경우 '어른'이라는 특정 집단을 지목함으로써, 이 책을 읽어야 할 사람들에게 어필하고 있어. '오늘 읽은 책이 바로 네 미래다'와 같이 읽기 쉽고 공감이 가며 뜻이 분명한 우리말 제목도 좋지. 피해야 하는 건 한 단어로 지어서 의미를 알기 힘든 제목, 또는 지나치게 어려운 용어나 외래어가 들어간 제목들이야. 무엇을 표현하고 싶은지 의도를 파악하기 힘들기 때문에 사람들의 관심을 얻기가 어렵지.

이렇게 제목에 대해 이야기하면 어떤 학생들은 이런 생각이 들 거야. '저는 책을 출판하는 건 아닌데요? 그래도 제목이 중요한가요?' 응! 제목은 출판용 글이 아니더라도 대부분의 글을 쓸 때 무척 중요해. 독후감을 쓸 때도 늘 제목을 달잖아? 자기소개서를 작성할 때도 각 문단의 중심 내용을 요약해 소제목으로 쓰거든. 블로그나 브런치에 글을 올릴 때에도 제목을 쓰지 않으면 저장이 되지 않아. 그만큼 제목이 중요하다는 의미겠지?

무엇보다 제목을 쓰다보면 자연스럽게 글을 고치고 다듬는 연습이 되기도 해. 제목을 짓기 위해 글의 내용을 다시 훑어보면서 잘못된 표현이나 오류를 수정하게 되거든. 때로는 제목을 쓴 후 '아, 이 문단의 내용은 글의 주제(제목)랑 잘 맞지 않구나!'라고 내용을 고치기도 하고, 또는 내용에 맞게 제목을 다시 짓기도 하지. 제목을 정하기 위해 고민하는 과정, 그 제목에 맞는 글인지 확인하고 고치는 과정 등을 거치면서 자연스럽게 글쓰기 훈련이 되고 결국 좋은 글을 쓰게 되는 거야.

왜, 누구를 위해 쓰는가?

출판을 위한 원고를 작성하기 전에 무엇을 할까? 보통의 글쓰기 과정이라고 한다면 글감을 준비하고, 어떻게 쓸지 계획(목차)을 하고, 초고를 작성한 후 수정을 거친 뒤 편집에 들어갈 거야. 그런데 이 기본적인 과정보다 먼저 유념해야 할 게 있어. 바로 왜 이 글을 쓰는지, 누구(독자)를 위해 쓰는지에 관한 부분이야.

내가 지금 이 글을 쓸 때에도 고민한 바였지. 왜 이 글을 쓰는가? 문해력 향상을 돕기 위해. 그럼 누구를 위해 쓰는가? 문해력을 향상시키고 싶은 학생들을 위해. 특히 왜 이 글을 쓰는가에 대한 질문은 글의 주제와도 연결되는데, 항상 머릿속에 그 목적을 생각하며 글을 써야 전하고자 하는 바를 명확하게 표현할 수 있어.

출판이라는 예를 들었지만 사실 이것은 출판에만 국한된 것은 아니야. 모든 글쓰기에서 글을 쓰기 전에 가장 먼저 염두에 두어야 할 부분이고, 좋은 글을 쓰는 비결이라고 볼 수 있지. 좋은 글이란 글쓴이의 의도와 메시지가 분명히 전달되는 글, 그 글을 읽는 사람과 소통하고 교감할 수 있는 글이라고 할 수 있거든. 그러니까 글을 쓰는 이유, 글을 읽을 사람에 대해 처음부터 고민해야만 좋은 글이 나올 수 있는 거지. 무엇보다 글을 읽는 사람들을 염두에 두고 쓰는 글은 최소한 주제를 빗나가지 않을 수 있거든.

예를 들어 학생을 대상으로 한 글을 쓴다고 해보자. 그러면 학생들이 이해할 법한 어휘와 내용을 가지고 글을 이끌어가야 해. 아무리 훌륭하고 철학적인 이야기들이 가득한 글이라고 하더라도, 흥미를 자극하지 못해 결국 소비되지 않는 글은 쓸모가 없거든. 그래서 '타깃 독자'를 확실하게 정하고 그 타깃에 맞는 글을 쓰는 것이 가장 첫 번째야. 실제로 내가 강연에서 똑같은 내용으로 강의를 하더라도, 학생들에게 나눠주는 자료와 부모님이나 선생님들께 나눠주는 자료가 달라. 대상에 따라 강연 내용도 다르게 풀어가지. 글을 읽거나 말을 듣는 사람에 따라 내용의 흐름이나 필요한 예시가 다르기 때문이야.

시작은 두서없어도 괜찮아!

우리는 베스트셀러 작가가 아니야. 그렇기 때문에 늘 무조건 완벽한 글을 쓰겠다는 욕심부터 버려야 해. 그래야 글을 쓸 때 힘이 빠지고, 힘이 좀 빠져야 좋은 글을 쓸 수 있어. 힘을 뺀다는 것은 두 가지를 의미해. 각 잡지 말고 두서없이 글을 쓰자는 것과 쉽게 쓰자는 것.

두서없이 글을 쓴다는 것은 아무 말이나 쓰면 된다는 의미가 아니야. 이건 글을 쓰는 과정에 초점을 맞추고 이해하면 좋겠어. 글을 쓰려고 하면 항상 하얀 종이나 화면을 보면서 고민에 빠지잖아. '어떤 문장으로 시작해야 할까. 이 다음 문단에는 어떤 내용이 오면 좋을까.' 많은 생각을 하는 것은 참 좋지만 그렇게 한참을 시간만 보내다가 한 글자도 못 쓴 경험, 다들 한 번쯤은 있을 거야. 한숨을 쉬면서 종이를 구겨버리거나, 애꿎은 후진키(backspace key)만 연신 눌러대다가 컴퓨터를 꺼버린

적 있지 않니?

그런데 신기하게 힘을 빼면 글이 더 잘 써져. 한 문장 한 문장을 완벽하게 쓰려고 하기보다는 여러 단어나 여러 문장을 생각나는 대로 써보는 거야. 그리고 이 단어랑 문장들을 기웃거리다보면, 해결하지 못한 글쓰기를 마무리하고 싶어져서 집중력이 발휘돼. 이것을 심리학적 용어로 자이가르니크 효과(Zeigarnik effect)*라고 하는데, 이는 마치지 못한 일을 마음속에서 지우지 못하는 현상을 뜻해.

우리의 뇌는 목표를 달성할 때까지는 긴장하며 높은 기억력을 유지하지만, 목표를 이루고 나면 긴장이 풀려 잊어버리게 된대. 즉 여러 가지 떠오르는 단어나 문장을 막 늘어놓고 있으면 우리의 뇌는 긴장을 유지하면서 계속 기억하려고 하겠지. 그럼 우리가 의식하지 못하는 사이에도 글을 마무리하기 위해 끊임없이 머릿속에서 노력을 한다는 거야. 뇌가 혼자서 알아서 하는 일인데 손해날 것도 없잖아. 그러니까 뇌가 알아서 일

---

* 자이가르니크는 식당 종업원이 많은 주문을 동시에 받아도 그 내용을 모두 기억했지만, 주문된 음식에 대한 계산이 끝난 후에는 주문이 무엇이었는지 기억하지 못하는 것에 착안해 이 연구를 시작했다. 한 그룹은 일을 끝내도록 설정하고 다른 그룹은 일을 끝마치지 못하게 방해하는 실험을 한 결과, 일 도중에 방해를 받은 그룹이 업무 종료 후에도 자신이 수행한 업무에 대해 더 잘 기억했다는 결과를 얻었다. (출처: 시사상식사전)

을 많이 할 수 있도록, 우리는 두서없이 생각나는 대로 무언가를 많이 써보자는 거지.

처음에는 이게 도대체 무슨 글쓰기인가 싶을 거야. 생각나는 대로 적은 단어와 문장들은 서로 연결되지 못할 거고, 그러니 어떤 의미를 만들어낼 수도 없겠지. 하지만 한 번 물꼬를 트고 머릿속에서 말하고자 하는 단어들을 떠올리다보면, 그게 창의적인 아이디어가 될 수도 있어. '필터링'을 하지 않고 떠오른 생각들을 그대로 적고 나서 보니, 굉장히 신선하거나 새로울 수 있는 거지. 그것들을 정리하다보면 한 편의 좋은 글이 될 수 있어. 바로 이게 즐기면서 글을 쓸 수 있는 방법이야.

글쓰기를 할 때에는 '쓸거리가 있어서 쓰는 게 아니라 쓰다보면 쓸거리가 생각난다'는 말을 기억하면 좋겠어. 생각이 생각을 물고 오고, 글이 글을 써나가는 거야. 현재 하는 일을 열심히 하면 그 일이 다른 기회를 가져다주는 것처럼, 글쓰기도 마찬가지라고 생각하면 돼. 일단 한 줄을 쓰면 그다음 줄이 만들어진다고. 그러니 두서없이 쓰다보면 글이 막 써지는 신기한 경험을 하게 되는 거지.

더도 말고 덜도 말고 쉽게

그리고 무엇보다 쉽게 써야 해. 학생들이 도서관에 와서 나에게 책을 추천받을 때 가장 많이 하는 말이 뭔지 알아?

"선생님, 술술 읽히는 쉽고 재밌있는 책 추천해주세요!"

맞아, 책 읽기가 공부도 아니고 즐겨야 하는 활동이니 책이 쉽고 재밌어야 하지 않겠어? 이건 글쓰기에서도 그대로 적용돼. 그래야 읽는 사람이 내용을 이해하기도 쉽고, 우리가 전달하려는 바를 받아들이기도 쉽지.

하루는 학생들에게 내 최애 작가인 이기호 작가의 《웬만해선 아무렇지 않다》와 《세 살 버릇 여름까지 간다》를 추천해줬어. 이 소설들은 엄청난 지식을 얻을 수 있는 책도 아니고, 필독도서에 올라와 있을 정도로 학생들에게 피가 되고 살이 된다고 일컬어지는 도끼 같은 책은 아니야. 하지만 이 책을 읽은 학생들의 반응은 한결같았어.

"엄청 재밌있어요!"

"선생님, 비슷한 책 또 추천해주세요!"

"단숨에 읽었어요. 또 읽고 싶어요!"

내 그럴 줄 알았지! 이기호 작가는 위트 있는 단편집을 쓰기로 유명해. 짧은 이야기지만 그 안에서 기승전결이 기묘하게 맞아떨어질 뿐 아니라, 시대 현실을 잘 반영해서 블랙코미디(어두운 느낌을 주는 잔혹하고 통렬한 풍자를 내용으로 하는 희극)처럼 날카로움이 있지. 나는 좋은 글은 모두에게 잘 읽히는, 쉽고 재미있으면서 울림이 있는 글이라고 생각해. 그렇다고 단순히 쉬운 게 아니라 글이 갖춰야 할 조건들이 잘 맞아떨어지는, 문장은 간결하고 결국 말하고자 하는 바가 명확한 글 말이야. 다들 그런 글을 쓰고 싶겠지. 맞아, 글쓰기에서 힘을 **빼**는 동시에 말하고자 하는 바를 제대로 전달하는 것은 굉장히 어려운 일이야.

　그래서 나는 문체가 유려하고 필력을 뽐내려는 장황한 글쓰기부터 경계하라고 말하고 싶어. 그런 글에 집착하게 되면 결국 내가 전하고자 하는 바가 제대로 표현되지 않고, 글이 산으로 가는 경우가 많이 있더라고. 가독성이 좋으면서 내가 하려는 말을 담백하게 전달하는 글이 되어야 하는데, 쉽게 써야 전달력이 높다는 것을 기억하자.

소통하는 글을 써라

글쓰기에 있어서 논리도 중요하지만 매력도 필수 요소야. 매력은 다른 사람의 호기심을 끌어내고, 글에 몰입하게 만들기 때문이지. 그렇다면 매력적인 글은 무엇일까? 쉽게 이야기하면 독자가 공감하는 글을 말해. 사람들은 익숙하면서도 새로운 것에 매력을 느끼거든. 완전히 새로운 것이 아니라 누구나 한 번쯤 해봤던 생각들로 시작해 이야기를 풀어나가면 '익숙하지만 새로운 글'이 될 수 있지. 그리고 그런 글을 읽으며 공감을 느낀 독자는 작가와 마음속으로 소통을 해. 작가가 하고 싶은 말만 일방적으로 던지는 글이 아니라, 독자가 듣고 싶은 말에 작가인 내가 하고 싶은 말을 더하면 그것으로 소통이 되는 거지. 이렇게 독자를 고려한 글은, 쓰는 와중에 다른 사람의 상황을 공감하는 능력까지 키워져. 감정이입이 되는 거지. 그러면 진정성이 느껴지는 글을 쓸 수밖에 없어.

나는 학생들에게 가끔 그림책을 추천해줄 때가 있어. 그러면 대부분 학생들이 그림책은 어린아이들이나 보는 것이라고 말하면서 손을 내젓지. 하지만 그림책 중에는 우리의 삶과 연결지어 타인의 생각과 행동을 추론하거나 이해하는 데 도움을 주는 책들이 많이 있어. 그렇기에 마음을 움직이는 글을 쓰고 싶다면, 그림책을 많이 읽어보면서 소재나 방향성 전개에 힌트를 얻을 것을 추천해.

공감과 소통의 힘을 알 수 있는 책으로는《나의 서울대 합격 수기》를 권하고 싶어. 우리가 일상에서 맞이하는 경험들을 6개의 단편으로 모아둔 SF 단편집인데, 처음에 각 단편의 제목들을 보다가 좀 웃었어. SF책에 실린 단편의 제목에 '나의 서울대 합격 수기'가 있다니. 그것은 공상 속에서만 가능한 일인가 싶어서. 표제작인〈나의 서울대 합격 수기〉의 주인공은 할아버지 때부터 장례 관련 사업을 하던 중 가정 형편이 어려워져 척박한 달로 이주해 살아가게 돼. 그러던 어느 날 서울대가 달을 지역균형 선발전형에 넣으면서 서울대 입학에 유리한 조건을 갖게 되었지.

지구를 떠나 달에서 산다는 것은 단순히 주거지 이동의 문제가 아니었어. 달에는 대기가 없어서 태양에서 오는 방사선을 온몸으로 받아야 했지. 게다가 달은 낮에는 기온이 110도가 넘고, 또 하늘은 밤낮 구분 없이 새카맣고, 땅에 풀 한 포기 나지 않는 곳이었지. 또한 주인공은 달의 뒤편에 살거든. 지구가 아닌 달에서조차 뒤편에 산다는 것은 그 안에서의 또 다른 차별을 보여주고 있지. 미래에는 변할 것 같았던 한국 사회의 풀리지 않는 문제들을 그대로 안고 있는 이야기를 읽는데 기분이 참 이상하더라. 그리고 암을 선고받은 아빠가 아들인 주인공에게 빚을 떠넘기게 될 것을 걱정하다가 상해사망보험을 들고는 무인 달착륙선에 치여서 죽는 장면을 보면서, 부모님 세대에게 자식이란 어떤 의미일까를 곱씹어보게 되었지.

작가가 이렇게 공감의 메시지들을 전달하고, 독자는 위로와 벅찬 감정을 느껴 눈시울이 뜨거워지는 것. 이것이 바로 작가와 독자의 소통이라고 생각해. 그리고 나는 이런 글이 정말 좋은 글이라고 생각해.

고칠수록 좋아진다

이렇게 여러 가지를 생각하고 글을 썼다면 이제 마지막 관문이 남았어. 바로 글쓰기의 백미라 할 수 있는 퇴고(推敲)야. 퇴고는 미는 것과 두드리는 것이라는 의미로, 글을 지을 때 문장을 가다듬는 것을 말해.

당나라의 '가도'라는 시인이 장안 거리를 거닐면서 한참 시

짓기를 골몰하고 있었어. 마지막 부분을 승퇴월하문(僧推月下門, 스님은 달 아래 문을 미네)으로 써놓고 '문을 미네(推, 밀 퇴)'가 나은지 '문을 두드리네(敲, 두드릴 고)'가 나은지 도무지 알 수가 없어 고민하고 있었지. 그런데 그 길을 지나던 유명한 시인 '한유'가 자초지종을 듣고는 '내 생각에는 '두드리네'가 좋을 듯하군'이라고 말하며 그와 함께 시를 논했다고 해. 그래서 결국 마지막 구절은 승고월하문(僧敲月下門, 스님은 달 아래 문을 두드리네)이 되었지. 그리고 이때부터 글을 고치고 다듬는 것을 '퇴고'라고 부르게 되었다고 해.

나는 글쓰기에서 퇴고가 중요하다는 말만 들었지, 실제로 퇴고를 제대로 한 적은 별로 없었어. 대학생 때 리포트도 쓰는 데에만 시간을 할애했지. 퇴고는 그냥 맞춤법, 오타 정도나 정리하는 것이라고만 생각했거든. 퇴고의 중요성에 대해서 알게 된 건 출판하기 위한 원고를 쓸 때였어. 언제나처럼 글을 쓰는 데만 시간을 들이고 쓱 훑어본 후에 출판사 편집자에게 원고를 보냈는데, 편집자가 1차 퇴고를 한 원고를 다시 보내준 거야. 편집자의 손을 거친 원고를 보니까 '어? 이건 고쳐야겠는데? 이건 좀 안 맞아서 빼야겠는데?' 하는 부분들이 추가적으로 나오기 시작하더라고. 분명 내가 완벽하게 썼다고 생각하고 보냈는데도 불구하고 말이야. 그래서 이 부분들을 체크해서 편집자에게 보내줬어. 그러자 편집자는 또 2차 퇴고를 해서 나에게 전달해줬지.

그런 식으로 주거니 받거니 하니까 계속 고칠 곳이 나오더라고. 신기했어. '어떻게 이렇게 볼 때마다 고칠 부분이 나오지?' 똑같은 뜻을 가진 문장이라고 해도, 퇴고의 과정 중에 좀더 생동감 있는 언어와 매끄러운 표현이 생각나서 계속 수정하고 싶어지는 거야. 이태준도 《문장강화》에서 '고칠수록 좋아지는 것은 문장의 진리다. (중략) 두 번 고친 글은 한 번 고친 글보다 낫고 세 번 고친 글은 두 번 고친 글보다 낫다는 것은 진리다' 라고 하거든. 결국 4차까지 퇴고를 진행하며 빨간 펜으로 열심히 글을 고치다가 깨달았어. '퇴고가 진짜 글쓰기이구나! 퇴고를 해야 글이 훨씬 더 예뻐지는구나!' 하고.

글을 잘 쓰는 사람의 특징이 뭔지 알아? 글을 짧게 쓰고 오래 고친대. 반면 초보들은 길게 쓰고 짧게 고치는 것이 대부분이지. 거의 모든 시간을 '쓰기'에 투자해서 글을 완성한 후 한 두 번 살펴본 다음에는 다 고쳤다고 하잖아. 하지만 글을 잘 쓰는 사람은 고치는 데 시간을 훨씬 더 많이 투자한다는 거야. 퇴고를 잘하는 첫 번째 비결이 여기 있지. 바로 오랜 시간을 들이는 것. 글을 예쁘게, 멋지게 고치는 데 시간 투자를 많이 하면서 문맥의 흐름이 자연스러운지, 전하고자 하는 메시지가 잘 전달되는지를 끊임없이 봐야 해.

퇴고에 오랜 시간을 들인다는 말에는 다른 의미도 있어. 바로 글을 완성한 후 그대로 시간을 보낼 필요도 있다는 거지. 초고가 마무리된 후 일정 기간 동안 묵혀두었다가 다시 보잖아? 그러면 글이 새롭게 느껴지면서 작가가 아닌 독자의 관점으로 내용을 확인하게 돼. 글을 쓸 때는 보이지 않았던 문제들을 객관적인 시선에서 점검하게 되는 효과가 있는 거지.

그리고 마지막으로 퇴고를 잘하려면, 뺄 것은 과감히 빼는 단호함도 있어야 해. 쓰는 데 들인 시간이나 노력을 아까워하지 말고 조금이라도 의아한 글이라면 삭제해야 해. 고민에 고민을 거듭한 결과 살아남은 글은 그만큼 더욱 빛나겠지. 그러니 글쓰기의 마지막 관문인 퇴고에 힘을 쏟아 좋은 글의 마무리에 박차를 가해보자!

3. 글감, 나만의 꿀팁을 찾자

글쓰기를 할 때 좋은 글감을 찾으면 글을 잘 쓸 가능성이 높아진다는 말, 많이 들어봤을 거야. 요리할 때에도 그렇잖아. 아무리 책을 펴놓고 맛있게 요리하는 방법만 보면 뭐하겠어. 재료가 없으면 요리 자체를 할 수 없는 것을.

글쓰기에서도 마찬가지야. 글감이 있어야 좋은 글이든 이상한 글이든 간에 글이란 걸 쓸 수 있게 돼. 그래서 교과서에서도 '좋은 글감 찾기' 등을 통해 우리에게 글을 잘 쓸 수 있는 방법을 안내하고 있지만, 문제는 좋은 글감을 찾기가 어렵다는 것이지. 그래서 글을 쓰려고 의자에 앉아도, 어떤 글을 써야 할지 막막해서 한참 동안을 가만히 있었던 적도 많을 거야.

주위에 널린 게 글감이니 주변을 둘러보라고 분명 선생님이 말했던 것 같은데, 눈을 씻고 보아도 다 평범해 보이고 특별하지 않게 느껴지잖아. 그런데 이런 생각에서부터 우리의 글감 찾기는 잘못된 거나 다름없어. 왜냐하면 특별한 글감을 찾을 필요가 없거든. 무엇이든 글감이 될 수 있기 때문에!

예를 들어 너희가 재미있다고 공감하며 읽었던 책들을 생각해봐. 말에 대한 가벼운 인식으로 인해 벌어지는 혐오표현이나 언어폭력의 상황을 그리며 이런 현실에서 말의 가치와 무게에 대해 고민할 수 있도록 하는 《취미는 악플, 특기는 막말》, 외모 때문에 성형을 고민하는 여학생들의 이야기를 담은 《미인의 법칙》. 이 책들의 특징이 뭘까? 맞아. 화려하고 특별한 글감이 아니라 '비속어', '학교폭력', '성형' 등 우리 주위에 있는 아주 평범한 글감을 가지고 많은 사람들이 공감할 수 있도록 쓴 책이라는 거야. 일상의 사소한 글감을 가지고, 감동을 주고 공감하게 만들고 고개를 끄덕이게 하는 특별한 글을 쓰는 게 우리가 해야 할 일이야. 물론 그렇게 하기 위해

서는 여러 가지 무기가 필요하지. 그럼 어떤 무기들
이 있는지 한번 살펴볼까?

일상 속에 글감이 있다

Mnet 〈고등래퍼〉는 고등학생 래퍼들이 주옥같은 가사로
자신의 '찐' 이야기를 세상에 풀어놓으면서 배틀을 하는 프로
그램이야. 나도 즐겨 보는 프로그램인데, 특히 〈고등래퍼3〉의
팀 대항전에서 〈오렌지나무〉라는 노래가 오래 기억에 남았어.
가사가 《나의 라임 오렌지나무》라는 책을 모티브로 해서 만들
어졌더라고.

책에서 다섯 살짜리 개구쟁이 소년 '제제'는 한창 부모의 사
랑을 받고 자랄 나이임에도, 말썽을 부린다며 가족으로부터
냉대와 매질을 받아. 집이 가난해서 제제는 크리스마스 때에
도 선물 하나 받을 수 없지. 하지만 제제는 절망하지 않아. 마
음속의 새와 집 앞 마당의 라임 오렌지나무인 '밍기뉴'를 친구
삼아서 이야기를 나누며 성장하게 돼. 물론 그 과정이 순탄하
지는 않았어. 제제를 가소롭게 보는 어른들이 많았거든. 하지

만 제제를 위해 눈물을 흘리는 예쁜 마음을 가진 담임 선생님이나 '뽀르뚜까' 아저씨처럼 온전히 제제를 믿어주고 응원해주는 사람들 덕분에, 제제는 많은 상처의 과정에서도 올바른 모습으로 성장할 수 있었어.

나는 〈오렌지나무〉를 들으면서 《나의 라임 오렌지나무》의 제제를 다시금 떠올릴 수 있었고, 10대들이 염원하는 그런 희망과 바람을 간절히 느꼈어. 노래를 통해 '더딘 출발'이고, '성공 뒤엔 언제나 실패'가 있지만 걱정할 필요 없다는 위로를 느껴서 가슴이 찡해졌지. 〈오렌지나무〉는 랩이라는 꿈을 향해 달려가는 자신들의 이야기를 담은 노래거든. 즉 가사의 글감이 바로 자신과 자신의 꿈, 자신의 삶이었던 거지. 이렇게 일상 속의 이야기를 글감으로 써도 다른 사람의 마음을 울리는 훌륭한 글이 나오는 거야. 그런데 〈오렌지나무〉는 여기에 더해 소설 속 캐릭터 제제를 또 다른 글감으로 사용했지. 《나의 라임 오렌지나무》를 읽은 사람이라면 제제의 이야기가 나오는 순간, 그 공감의 폭이 넓어질 수밖에 없어. 공감이 곧 엄청난 감동으로 다가오는 거지. 만약 자신의 이야기를 글감으로 쓰는 건 너무 창피하고 부끄럽다면, 책에서 소재를 얻어보는 것도 방법이라는 말씀!

흑역사는 아주 좋은 글감이다

사람들은 누구나 자신의 실수에 대해 부끄러워하고 숨기고 싶어 해. 자기 약점이나 민망했던 경험을 다른 사람에게 들키고 싶은 사람은 없을 거야. 그런데 이런 흑역사에서 의외로 많은 이야기가 나온다는 사실, 알고 있어? 시트콤 같은 일상을 풀어내다보면, 분명 이렇게 하면 안 되겠다고 생각되는 지점들이 나오거든. 그것들을 글로 연결시키면 누구도 따라할 수 없는 나만의 글이 되지. 여기서 고백하지만 내가 쓴 많은 책들은 거의 흑역사 에피소드를 시작으로 만들어졌다고 해도 과언이 아니야.

학생들과 동아리 활동을 하며 찍은 사진을 두고 댓글을 주고받다가 '녀석들, 선생님을 닥달하기는!'이라고 적었어. 그런데 한 학생이 그 글에 이런 댓글을 달았어.
"선생님, '닥달하다'가 아니고 '닦달하다'입니다."

《사춘기를 위한 맞춤법 수업》의 프롤로그에 있는 내용이야. 실제로 이 사건이 벌어졌을 때 '아이들이 보면 어쩌지?'와 같은 부끄러움이 생겼고, '그냥 지나가면 되는데 왜 지적이지?' 와 같은 원망의 감정이 들었으며, '다른 애들이 보기 전에 지 워야겠어'와 같이 나의 실수를 회피하고 싶은 마음이 커지기도 했어. 그렇게 온갖 생각이 떠오르는 와중에 불현듯 정신이 들 었어. '맞춤법을 지적받은 건 부끄럽지만, 그렇다고 모른 척 넘 어가면 학생들에게도 안 좋은 본보기가 될 수 있다'는 생각이 든 거지. 그래서 댓글을 삭제하는 대신 내 실수를 받아들였어. 틀린 건 고치면 되고 앞으로 안 틀리면 된다는 생각을 스스로 한 것이기도 하고, 또 학생들에게 그 생각을 전한 것이기도 했 지. 순간의 창피를 피하고자 실수를 외면하면 문제는 해결되 지 않고 평생 같은 실수를 반복하게 될 수 있으니 말이야. 그 이야기를 시작으로, 다양한 맞춤법 오류가 일어나는 사례들을 학생들과 나누면서 바르게 고치며 긍정적인 방향으로 나아가 고자 했던 것이 바로 《사춘기를 위한 맞춤법 수업》을 쓴 이유 였어.

《B급 언어》 원고를 쓸 때에도 마찬가지였어. 하루는 수업 중 에 '거지 같다'라는 말에 대해 이야기했거든. 나는 학생들에게 이 말의 사용 예를 알려주는 동시에 기선 제압을 한답시고 '선 생님 오늘 기분이 거지 같으니까 건들지 마!'라고 했어. 그런데 어느 날 교원평가에 이런 글이 써 있는 거야.

"선생님 수업 잘 듣고 있어요. 그런데 저희 집이 너무 가난해서 선생님이 '거지 같다'는 표현을 아무렇지 않게 하실 때마다 제 마음이 많이 뜨끔해요."

내가 어땠겠어. 식은땀이 줄줄 났지. 나에게는 아무렇지 않은 말이 누군가에는 상처가 될 수 있다는 걸 깊이 깨우쳤던 경험이었어. 그리고 그 경험과 느낀 점을 《B끕 언어》에서 솔직하게 고백했지.

유독 나의 책에 흑역사 에피소드들이 많아서인지, 강연에 가면 '흑역사를 공개하면 부끄럽지 않냐'는 질문을 받곤 해. 대부분 사람들에게는 그 누구에게도 말하고 싶지 않은 실수이고 이불킥 할 일인데, 이런 에피소드를 왜 굳이 글감으로 삼냐는 거였지.

왜냐면, 사람은 누구나 실수를 하니까. 과거의 실수에 대한 고백은 '아, 이 사람도 이런 경험이 있구나' 하는 공감대를 형성할 수 있거든. 그리고 실수를 통해 깨달은 것들을 전하면, 그건 일방적인 '잔소리'나 '조언'이 아니라 '고백'이나 '경험담'으로 다가갈 수 있지. 그러니까 나의 흑역사들은 그저 재미나 관심을 끌기 위한 것은 아니었어. 생생한 경험을 통해 메시지를 진정성 있게 전달하고자 하는 장치였지. '거지 같다'와 얽힌 에피소드도 비속어가 다른 사람에게 얼마나 상처가 될 수 있는지를 훨씬 더 현실감 있게 전달했고, 비슷한 경험을 한 사람들 사이에서 공통적으로 깨닫는 지점이 생기더라고. 흑역사만큼 글쓴이와의 심리적 거리를 좁히면서 메시지를 정확하게 전달할 수 있는 좋은 글감도 없는 셈이지.

나만의 인용 문구를 저장해둬라

글을 쓸 때 자신의 경험이나 흑역사를 풀어놔도 좋다고 했지만, 나 역시 권위 있는 작가들의 글을 인용해서 다른 사람들에게 나의 의견에 대한 정당성이나 대중성을 인정받고 싶을 때가 있어. 글을 쓰는 사람은 모든 정보가 자신의 것이어야 한다는 부담을 느끼곤 하지만, 사실은 그럴 필요가 없어. 독자가 글을 이해하는 데 도움되는 정보라면 출처를 밝힌 후에 인용하면 되지. 신문 사설이나 논평 같은 것들을 떠올려봐. 그런 글만큼 인용을 잘 활용하는 곳도 없거든.

"꿀벌은 이 꽃 저 꽃에서 꿀을 얻지만 꿀은 꽃의 것이 아니라 꿀벌의 것이다."

방금 언급한 문장은 《대통령의 글쓰기》를 쓴 강원국 작가가 '인용만 잘해도 글 한 편이 뚝딱 나온다'고 설명하며 인용한 프랑스 사상가 몽테뉴의 말이야. 이런저런 글들을 인용해 자신의 글 속에서 잘 소화해내면, 그 인용의 내용들이 결국은 자신의 글이 될 수 있다는 말이지. 물론 출처는 정확히 밝혀야 하고 말이야.

생각해보면 지금 이 순간 나도 강원국 작가의 글을 인용하고 있어. 왜냐고? 내가 너희들에게 '얘들아, 글 쓸 때 인용이 중요해. 인용하는 습관을 들이자!'라고 말하면 별 반응을 보이지 않을 수 있지. 하지만 '얘들아, 대통령의 연설문 담당 비서관으로 일하셨던, 글쓰기 분야의 전문가인 강원국 작가는 몽테뉴의 꿀벌 이야기를 인용하면서 인용의 중요성에 대해 말했어. 그는 인용이 다른 사람의 생각과 의견을 소개하여 설득력을 높이고 새로운 관점과 시각을 만들어낼 수 있으니까 매우 중요하대'라고 한다면 더 귀담아들을 테니까.

그럼 이런 인용 문구는 어디서 어떻게 찾아야 할까? 강원국 작가의 경우는 인용 문구를 늘 30개 정도 외우고 있다가 글을 쓸 때 요긴하게 사용한대. 머릿속에 인용 문구를 가지고 있으면, 말할 때에도 글을 쓸 때에도 엄청 수월할 거야. 하지만 나는 나의 뇌 메모리를 신뢰하지 않거든. 그래서 인용 문구를 써놓는 노트나 메모장을 활용하지. 나는 특히 책을 읽으면서 좋은 문구들을 따로 필사하는 노트를 가지고 있는데, 글을 쓸 때는 항상 이 노트를 처음부터 훑어보곤 해. 그러면 '아, 이 글에는 이 인용문을 넣어야겠다!' 하고 머릿속으로 정리가 되거든. 노트를 안 들고 다니는 친구라면 카카오톡 '나와의 채팅창'에다가 적어두는 방법을 추천해. 노트처럼 필요할 때마다 찾아보면서 정리할 수 있어서 좋지.

인용 문구를 활용할 때는 한 가지 주의할 점이 있어. 아무리 좋은 문구나 아름다운 문장도 내가 쓰는 글의 내용과 어울리지 않으면 도움이 되지 않는다는 거지. 내용에 맞지 않는데도 억지로 인용 문구를 썼다가는 글을 망칠 수 있으니까, 아무리 좋은 인용 문구도 때로는 과감히 포기할 줄 알아야 한다는 점 기억해.

글쓰기에 힌트를 얻을 수 있는 '나만의 책' 한두 권쯤

 글쓰기에 힌트를 얻을 수 있는 '나만의 책'을 한두 권쯤 소장하는 것도 권하고 싶어. 내 서재에도 이런 책들이 몇 권 꽂혀 있는데, 글을 쓰기 전에 한 번씩 읽어주면 '나도 이런 글을 쓰고 싶다'는 의지가 생기고 글쓰기를 실행으로 옮기는 데 도움이 되지. 내가 특히 좋아하는 책이 있다면 황현산 작가의 《밤이 선생이다》라는 산문집이야. 이 책은 〈한겨레〉와 〈국민일보〉에 실었던 칼럼들과 30여 년 동안 썼던 산문을 엮은 것인데, 굉장히 오래된 글임에도 불구하고 문체나 세상을 생각하는 방식이 낡지 않아서 읽을 때마다 늘 새로워.

 이 책은 심오한 철학이나 사상을 다루진 않지만, 작가의 경험과 생각에 고개를 끄덕이게 하는 글들이 많아. 마치 작가와 대화하는 느낌이 들지. 게다가 단정하고 깔끔하고 지나치게 반듯한 표현에 감탄하면서, 사유를 확장하게 돼. 특히 인간과 사회에 대해 통찰하지만 인간성을 잃지 않은 비판이 섞인 작가의 글을 읽다보면, 지혜와 삶의 연륜이 담긴 석학의 강의를 듣는 듯한 마음이 들어 나도 모르게 두 손이 공손하게 모아진달까. 그리고 '나도 저런 글을 써보고 싶다'는 의지가 뿜뿜 솟

아나는 거지. 각자 그런 책 한 권을 가지고 있으면, 그 책이 나의 머릿속에서 길을 열어주는 멘토의 역할을 충분히 할 수 있을걸.

나만의 책 두 번째는 바로 정재찬 교수의 《우리가 인생이라 부르는 것들》이야. 마치 저자가 실제로 눈앞에서 강의해주는 듯한 편안한 문체가 매력이지. 이 책은 유명한 시들과 시인들의 이야기를 담아, 인생의 무게를 오롯이 견디며 살아가는 우리들에게 전해줘. 밥벌이, 돌봄, 배움, 사랑, 관계, 건강, 소유 등 우리에게 중요한 것들에 대한 이야기를 시에서 길어낸 지혜와 성찰을 바탕으로 들려주는데 하나하나가 명문이야. 게다가 책에서 펼쳐지는 강의를 통해 우리는 박목월, 신경림, 이성복, 황동규, 문정희, 나희덕 등 유명 시인의 시를 무려 60여 편 정도 만날 수 있어.

그럼 나의 글쓰기 레시피에 피와 살이 된다고 고백한 《밤이 선생이다》와 《우리가 인생이라 부르는 것들》의 공통점을 한번 생각해볼래? 바로 작가의 생각이나 경험을 여러 예시와 글과 연계하여 풀어낸, 삶의 연륜이 묻어나는 지혜와 성찰을 담은 글이라는 점이야. 그런 인생에 대한 경험들은 우리가 어떤 글을 쓸 때에 함께 인용하거나 생각해봐도 손색이 없어.

관용적 표현은 글을 좀 더 풍요롭게 만든다

속담이나 고사성어, 관용어는 말하기와 글쓰기에서 큰 역할을 하지. 오랜 세월 사람들의 입에서 입으로 전해오며 쓰이고 살아남은 속담에는 교훈이나 처세술 등 생활의 지혜가 담겨 있거든. 상황에 딱 들어맞는 절묘한 표현이 많아서 알아둔다면 어떤 글에서든 사용할 수 있다는 게 가장 큰 장점이지. 한번 익히면 잘 잊어버리지 않으니까 되도록 외워두면 좋아. 그럼 속담에 대해 얼마나 알고 있는지 문제를 한번 내볼게. 다음 ○○○에 들어갈 말이 뭔지 생각해볼래?

목구멍이 ○○○

이걸 중학생들에게 물었더니 답을 전혀 모르더래. 그래서 힌트를 줄게! 과일이 들어가고 마지막은 '청'으로 끝나. 무슨 과일일까? 지금 자기가 먹고 싶은 과일을 생각하며 자몽청, 레몬청을 생각한 사람 있지? 정답은 바로 '포도청'이야. '목구멍이 포도청'이라는 말은 먹고살기 위해서 (포도청으로 끌려감을 감수하고) 더러운 짓도 마다할 수 없음을 이르는 속담이거든. '포도청'은 과일로 만든 청이 아니라 '조선 시대에 죄인의 심문이나 도적을 포획하기 위해 순찰을 맡았던 관서'로 지금의 경찰서 같은 곳을 말하는 거야.

이해해보면 어려운 말이 아니야. 그 당시의 시대 상황을 어느 정도 알면 금세 머릿속에 집어넣을 수 있는 속담이거든. 평소에 이런 비유 방법을 익히고 사용하게 되면, 직설적으로 서술하는 것보다 글의 의미를 풍성하게 만들 수 있어. 또 문학적으로도 아름답고 매력적으로 느껴지는 글을 쓸 수 있지.

물론 속담이나 관용적 표현이 무조건 다 쉬운 것만은 아니야. 뜻을 헤아리기 어려운 표현들도 많이 있어. '가지 많은 나무에 바람 잘 날 없다'라는 속담을 이해하려면 '가지'가 자식을 의미한다는 사실을 알아야 하지. '잘'의 기본형이 '자다'라는 것도 알아야 하고. '자다'의 뜻 가운데에는 '바람이나 물결 따위가 잠잠해지다'가 있다는 것도 알아야 하겠지? 그러면 이제 이해가 될 거야. 가지가 많고 잎이 무성한 나무는 살랑거리는 바람에도 잎이 흔들려서 잠시도 조용한 날이 없다는 뜻으로, 자식을 많이 둔 부모에게는 근심이나 걱정이 끊일 날이 없음을 비유적으로 표현한 거구나 하고 말이야.

'운을 떼다'라는 관용구도 마찬가지야. 한시를 지을 때 일정한 자리에 발음이 비슷한 글자를 배치하는 규칙이 있어. 랩에서 라임 같은 거 말이야. 이런 글자를 '운(韻)'이라고 하는데, 예전에 선비들이 함께 한시를 지을 때 누가 운을 제시하면 다른 사람들은 그 규칙에 맞춰 시를 지었다고 해. 즉 '운을 떼다'는 어떤 말을 하거나 토론을 할 때 처음으로 말문을 여는 것을 의미하는 표현이야. 이런 비유적인 표현들은 처음에는 조금 어렵게 느껴지지만, 그것을 이해하는 과정에서 어휘력 향상에 큰 도움이 되지. 하나씩 익히다보면 관용적인 표현들을 어느 순간에 적절하게 사용할 수 있을지 감이 올 거야. 그리고 각 표현에 담긴 구체적인 의미를 생각해보면 문해력을 키우는 데에도 크게 도움이 될 수 있어.

이런 표현들은 많이 사용할수록 오랫동안 기억에 남는데. 그러니 이런 표현들을 알게 될 때마다 잘 메모해두었다가, 어딘가에서 쓸모 있게 활용해보면 훨씬 더 도움이 될 거야.

카트라이더 게임을 할 때 아이템 없이 질주하다가 바나나에 미끄러져 망연자실할 때가 있어. 물에 갇히기도 전에 날아오는 물 폭탄을 보면 '이미 이 게임에서 졌다'는 판단을 하게 될 때도 있고. 그러다가 부스터 아이템을 얻으면 반전의 희망을 보고 앞으로 달려나가게 돼.

이 게임이 계속해서 사랑받는 이유는 어떤 아이템을 획득했느냐에 따라 게임의 결과가 달라지기 때문이라고 생각해. 만약 이런 반전의 아이템이 없었다면, 그저 시시하게 트랙만 돌면서 재미도 주지 못하고 시간만 끄는 게임이 되어 사람들의 관심을 받지 못한 채 사라졌을 거야. 한마디로 카트라이더가 인기를 끌게 된 이유는 예상치 못한 아이템이 게임을 반짝반짝 재미나게 만들어줬기 때문인 거지.

글쓰기도 마찬가지야. 글쓰기와 관련해 나만의 비장의 무기를 갖고 있다면, 글을 좀더 재미있고 다채롭고 풍요롭게 만들어 많은 사람의 관심을 끌 수 있을 거야. 일상 속에서 글감을 찾고 흑역사로 독자와의 거리를 좁혀가며 쓴 글들은 사람들과 공감하며 소통하게 만들 수 있어. 책에서 발췌한 인용문으로 글에 영양가를 듬뿍 얹어주면 나도 돋보이고, 글에 깊이도 생기겠지. 내가 어떤 무기를 장착하고 있느냐에 따라 글쓰기가 수월해질 수도 있고 결과물이 달라질 수도 있다는 점을 기억하면서, 과연 나는 어떤 무기들로 나의 글을 빛낼 수 있을지 곰곰이 찾아보자고.

4. 필사, 남다른 나를 만드는 남의 글 베끼기

한 친구가 백일장을 마치고 이렇게 말했어.

"선생님, 저 이번 백일장 때 글 엄청 잘 썼어요! 몇 번을 고쳐 썼는지 몰라요!"

그래서 그 친구의 백일장 원고지를 슬쩍 봤는데 항상 사용하던 단어를 쓰고 비슷한 어미로 마무리하는 것을 보면서 조금 안타까웠어. 분명 다른 친구들보다 잘 쓰고 싶어 하지만 어휘력의 한계도 있고, 또 다양한 문장 구조를 경험해보지 않아서 그런지 이전과 크게 다르지 않더라고.

그럼 어휘력도 늘리고 문장 구조도 다양하게 경험해보려면 어떻게 해야 할까? 좀 더 세련되고 새로운 글을 쓰고 싶다면, 필사를 시작해보는 거야! 새로운 단어나 문장 구조를 각인할 수 있도록 다른 사람의 글을 노트에 펜으로 꾹꾹 눌러 담는 것. 그것이 바로 필사야.

세종대왕도 필사를 했다지?

필사는 책이나 글을 손으로 직접 베껴 쓰는 일을 말해. 인쇄술이 널리 퍼지기 전까진 책을 한 권 새로 만들려면 손으로 하나하나 베껴 썼어. 그러면 필사야말로 구시대적인 방법 아니냐고 물을지 몰라. 책 읽을 시간도 없는데 필사까지 하라니 이상하게 들릴 수도 있지. 또 책을 사서 읽거나 복사하면 되는데, 왜 직접 베껴 쓰냐고 의아해하는 친구들도 있을 거야. 하지만 필사는 꼭 필요해. 도대체 필사를 하면 뭐가 좋냐고? 하나씩 차근히 얘기해줄게.

필사를 해본 친구들은 알 거야. 남의 글을 베껴 쓰다보면 내 문장이 달라져. 항상 아는 단어와 문장만 쓰다가 남의 글을 따라 적으면 그 사람이 사용하는 문장과 단어를 익히게 되지. 그렇게 타인의 글쓰기를 직접적인 방식으로 접하다보면 늘 쓰던 진부한 표현에서 벗어날 수 있는 거야. 또 그대로 적어야 하니까 해당 글을 집중하면서 읽게 되므로 그 과정에서 집중력도 키울 수 있지. 그래서 작가 지망생의 훈련 방법으로 필사가 자주 언급되기도 해. 유명 작가들 역시 이미 정상의 반열에 올랐음에도 불구하고 계속해서 필사를 한대.

윤동주 시인은 백석의 시를 필사했다고 하고, 신경숙 작가는 〈필사로 보낸 여름방학〉이라는 글에서 수많은 작품을 필사하며 보냈던 습작 시절을 이야기하지. 세종대왕이 어린 나이에 조선 최고의 석학들과 논쟁할 만큼 뛰어난 지적 능력을 가질 수 있었던 것도 바로 100번 읽고 100번 베껴 썼기 때문이래.

필사는 문해력에도 도움이 된대. 왜냐하면 필사를 하면 천천히 읽고 쓰게 되거든. 그러면 억지로 노력하지 않아도 책을 깊이 있게 읽을 수 있어. 책의 내용을 머릿속에 자세히 집어넣는 것과 더불어, 저자와 등장인물의 관점에서 바라보고 생각하게 되는 효과도 있지.

나는 프레드릭 배크만의 《하루하루가 이별의 날》이라는 책을 필사한 적이 있어. 하루하루 기억이 사라져서 초조한 할아버지와 그의 아들과 손자의 이야기를 다룬 소설인데, 기억을 잃어가는 할아버지와 이별의 방법을 배워가는 손자 '노아'의 대화를 직접 쓰면서 여러 생각이 들었지. 무엇보다 먼저 떠나간 사람에 대한 그리움과 잊기 싫지만 잊어야 하는 슬픔 속에서 가족의 사랑에 대해서 생각하게 됐어. 캐릭터에 몰입되어 손자의 눈으로 할아버지를 바라보고 생각하게 된 거야.

집이 졸지에 망하면서 평소 무시하던 '순례 주택'에 이사하게 된 수림이네 식구의 이야기를 다룬 소설 《순례 주택》도 필사했어. 이 책을 필사하면서 내가 어떤 어른인지, 어떤 어른이 되고 싶은지, 더불어 산다는 것은 무엇인지 아주 자연스럽게 고민해보게 되었지. 이렇듯 필사를 하면 등장인물에 대해 보다 관심을 갖게 되고 작가가 펼치는 세상을 더 섬세하게 볼 수 있는 거야. 또한 텍스트에 고도로 집중하다보니 내용도 오랫동안 기억하게 돼.

요즘 사람들이 가장 궁금해하는 것 '문해력 키우려면 뭐 해야 하나요?'라고 물으며 딱 한 가지 방법만 알려달라고 한다면 나는 무조건 '필사하시면 돼요!'라고 말할 거야. 단 한 권이라도 제대로 필사한다면, 책을 아주 깊게 읽을 수 있는 능력을 너무나 자연스럽게 얻을 수 있거든.

세상에 대한 안목을 키우고 스스로를 단련하는 시간

필사의 덕을 톡톡히 본 친구가 있어. 바로《나는 공부 대신 논어를 읽었다》의 저자인 김범주야. 그는 중학교 때 학교 성적이 바닥이었고 그로 인해 자존감도 바닥이었어. 학창 시절, 우리를 정의하는 기준은 성적이 거의 절대적인 것이 현실이잖아. 그래서 공부와 자존감이 연결될 수밖에 없는 듯해. 작가는 자존감이 바닥을 치던 중학교 1학년 때 '네가 책을 더 많이 읽고 생각을 깊이 하다보면 자신만의 생각과 중심이 생길 거야. 그러면 질문에 대한 답을 스스로 찾을 수 있을 거야!'라고 조언해주는 아버지의 권유로 독서 모임에 나갔대.

어른들만 있는 독서 모임 어떨 것 같아? 어색하고 재미없겠지. 하지만 그에게는 그 순간이 인생의 터닝포인트가 되었대. 책과 친해진 건 물론이고, 동양 고전인《논어》를 읽고 필사하게 된 것이 결정적으로 도움이 되었대.《논어》 필사를 통해 자신의 가치관을 세우고 세상에 대한 안목을 키울 수 있었다는 거야. 또 살아가면서 문제가 발생했을 때 답을 찾는 데도 큰 도움을 받았다고 해.

그는 매일 2구절씩《논어》를 필사했어. 처음에는 지겹고 힘들어 피하고 싶었지만 그래도 포기하지 않고 꾸준히 이어갔대. 그 결과 《논어》의 구절들을 통해 사춘기를 극복할 수 있었고, 생각도 긍정적으로 바뀌었다고 해. 사실 사춘기 때는 어른들이 어떤 조언을 해주어도 여간해서는 귀담아듣지 않잖아. 아무리 좋은 말이라도 삐딱하게 들리기만 해서, 긍정적으로 수용하기 힘들고. 그래서 그 시기에는 다른 사람의 도움을 받아서가 아니라 스스로 생각하고 깨달아야 하는데, 작가는 《논어》에 담긴 일화를 통해 자신에게 이야기를 건넬 수 있었다는 거지.

《논어》 필사를 통해 책의 내용을 자신에게 적용하며 생각하고, 문장력도 길러지는 등 문해력 측면에서 작가가 긍정적인 방향으로 변화한 것도 의미가 있지. 하지만 그보다는 '필사'라는 외롭고 힘든 길을 포기하지 않고 끝까지 해냈던 작가의 도전에 주목해주면 좋겠어. '마음먹고 달려가면 성장하고 바뀐다'는 더 큰 의미를 발견했으면 하는 거지. 스스로를 단련하는 힘, 그것이야말로 필사가 주는 가장 큰 영향력이야.

시간이 없다면 선택적 필사도 좋다

이토록 좋은 필사를 어떻게 하면 좋을까? 필사를 한다면 처음부터 끝까지 전체 문장을 기록하는 것이 가장 좋겠지. 하지만 '공부해야 하는데 어떻게 책 한 권을 다 필사해!'라는 생각이 들 수 있어. 마음의 여유가 없으면 괜히 시작도 하기 전에 포기하게 되거든. 그래서 무조건 책 한 권을 필사해야 한다는 부담은 갖지 않았으면 좋겠어. 나한테 맞는 방법으로 변형하면 되니까 말이야. 처음부터 너무 큰 목표를 세우면 중간에 지치기 쉽거든. 뭐든 길게 오래하려면 쉽고 편해야 하지. 자, 그럼 어떻게 할까?

먼저, 책을 읽는 거야. 그리고 책을 읽다가 마음에 드는 문장을 만나면 밑줄을 긋거나 인덱스탭으로 표시를 해둬. 다음에는 왜 이 문장이 마음에 들었는지, 내가 왜 밑줄을 쳤는지 간단히 기록하는 거야. 실제로 나는 필사 노트에 먼저 문장을 옮겨 담고, 그 문장들을 곰곰이 생각한 후 따로 만든 전용 SNS 계정에 책과 관련된 글을 시간이 날 때마다 올려. 그러면 책의 내용을 떠올리기도 쉽고, 나중에 글을 쓰는 데 있어서 재료로 활용할 수도 있거든.

학교 백일장에서 학생들에게 자유 주제를 주면 '선생님 뭘 쓸지 모르겠어요'라고 답하는 친구들이 대부분이야. 이런 문제를 어떻게 해결하냐고? 평소에 책을 읽으면서 선택적 필사를 하잖아? 그러면 그 필사 노트나 SNS를 훑어보기만 해도 쓸거리가 넘쳐나지. 바로 글감을 적립하는 거야. 이렇게 차곡차곡 모아놓은 글감은 백일장에서만 쓸 수 있는 게 아니야. 그럼 또 어디다 쓰냐고? 이성 친구에게 호감을 살 만한 좋은 글귀로 이용해보면 어때? 공개적으로 나의 의견을 개진하는 글을 쓸

독서 노트에 쓰면 좋은 7가지

① 독서 노트를 쓴 날짜, 책 제목, 저자.
② 중요 문장(필사): 이때 페이지 번호도 적기.
③ 필사한 문장에 대한 내 생각: 자기가 그 문장을 어떻게 이해하고 해석했는지 쓴다.
④ 책을 읽으며 떠오른 질문: 적어두지 않으면 금세 사라진다.
⑤ 책의 핵심 내용 요약 정리.
⑥ 책을 읽고 깨달은 것, 얻은 것: 책이 자신의 생각과 경험을 어떻게 변화시켰는지 적기.
⑦ 실천 항목: 책을 읽고 내 삶에 적용하면 좋을 것 적어보기.

출처: 《단 한 권을 읽어도 제대로 남는 메모 독서법》

때, 주장에 힘을 실어주는 인용구로 활용하는 것도 가능하고!

학생들과 '독서' 시간에 한 학기 한 권 읽기를 하면서 내가 가장 강조하는 것도 바로 '선택적 필사'야!

"그냥 눈으로 읽는 건 안 돼. 책을 읽을 때에는 반드시 노트에 무언가를 써야 해. 그래야 책의 내용이 내 안에 완전히 스며들고 내 문장도 쓸 수 있어!"

이렇게 약간의 잔소리를 한 후에 앞서 살펴본 7가지 영역을 독서 노트 앞에 적으라고 알려주지. 여기까지 이야기하면 여기저기서 볼멘소리가 터져나와.

"저거 다 써야 해요?"

"점수에 들어가는 거예요?"

"요약 정리 몇 줄 써야 해요?"

그들의 아비규환 속에서 나는 이렇게 얘기하지.

"다른 건 차치하더라도 2번과 3번 항목은 꼭 필수적으로 메모해야 해!"

바로 중요한 문장을 필사하고 그것에 대한 내 생각을 적는 일. 독서를 하는 데 이런 필사가 늘 동반되잖아? 그러면 책을 읽는 좋은 습관을 얻을 수 있어. 손가락으로 꾹꾹 눌러 담는 행동 속에서 문장의 의미를 곱씹으며 다양한 깨달음을 얻어갈 수 있지. 필사하는 글들이 고스란히 내 안으로 스며드는 거야.

필사한 내용으로 독후감 쓰는 꿀팁

책을 읽고 나면 독후감을 작성하라고 선생님들이 숙제를 내주잖아. 분명 책을 읽긴 읽었는데, 막상 독후감을 쓰려고 하면 빈 종이를 볼 때마다 한숨이 나오고 머리가 멍해지며 아무 생각도 나지 않는 경험을 해봤을 거야. 왜냐하면, 뭘 어떻게 써야 할지 머릿속이 정리가 안 됐기 때문이야. '첫 문장은 어떻게 시작할까. 과연 저 황무지 같은 백지를 모두 채울 수는 있을까.' 그래서 꾸역꾸역 쓰고 지우고 쓰고 지우다가 학창 시절에 배운 독후감 쓰는 방법을 간신히 떠올리지. '동기-줄거리-느낀 점!' 나는 이걸 학생들에게 '곤충의 3등분 기법'이라고 이야기하며 '너희는 곤충이 아니기 때문에 저렇게 쓰면 안 된다'고 조심스럽게 타이르지만, 대부분 이 구성을 벗어나지 못해. 아니, 익숙하니까 벗어나지 않으려고 하지.

마치 짠 것처럼 똑같은 '곤충 3등분' 스타일의 독후감을 보면서 고민하다가 학생들에게 운을 띄우며 영업에 들어갔지. 독

독후감에서 발견되는 '곤충의 3등분 기법'	
머리 (동기)	선생님이 수행평가를 한다고 해서 읽게 되었다. (2줄)
가슴 (줄거리)	줄거리는 이렇다. (검색해서 그대로 베낌) (8줄)
배 (느낀 점)	참 즐거운 시간이었다. 보람 있었다. (2줄)

후감을 쓰는 방법이 정해진 것은 아니지만, 책을 읽을 때 2번과 3번 항목을 노트에 정리해두면 그것만 가지고도 독후감을 쉽게 쓸 수 있다고.

독후감이 뭐야? 책을 읽은 후에 자신이 느낀 바를 그대로 쓰는 거잖아. 그럼 어떤 부분에서 감명을 받았는지, 어떤 부분에서 동의했는지(동의하지 않았는지) 등 구체적인 나만의 감상을 오롯이 쓰는 게 가장 중요한 거지. 동기나 줄거리 같은 거 말고 말이야. 그게 바로 '중요 문장에 대한 내 생각'이거든. 그래서 나는 늘 이렇게 강조하는 거야.

"독후감 쓸 때 한숨 쉴 필요 없어! '중요 문장'과 '필사한 문장에 대한 내 생각' 부분만 잘 정리해두면 독후감 반은 쓴 거야!"

어느 날 이희영 작가의 《보통의 노을》을 읽으면서 이 방법대로 정리해보았어. 이 책은 사람들이 단순히 생각하는 보통의 삶에 대한 질문을 던지는 소설이거든. 세상의 거의 모든 편견이 담겨 있어서 공감되는 부분도 많았고, 마음에 저장해둘(필사를 해야 할) 말들도 정말 많았지.

번호	항목	② 중요 문장(필사): 이때 페이지 번호도 적기. ③ 필사한 문장에 대한 내 생각: 자기가 그 문장을 어떻게 이해하고 해석했는지 쓴다.
1	②	"나는 네가 말하는 평범함이 뭔지 잘 모르겠지만, 사실 요즘 같은 시대에 평범하게 사는 것 자체가 되게 어렵지 않냐?" (107쪽)
	③	▶ 평범한 것에 대한 나의 고정관념에 대해 다시 생각해보게 된다. 평범하게 살고 있는 내가 보잘것없이 느껴지기도 하지만, 책의 인물들을 통해 나를 돌아보면 평범함이 참으로 감사한 것임을 깨닫게 된다.
2	②	"나그네의 키가 침대보다 크면 잘라 죽이고, 작으면 늘려 죽이는 그리스 신화 속 프로크루스테스처럼 상대를 손쉽게 평가하는 사람들, 자신의 생각이 기준이라 믿는 인간들 때문에 절대 괴로워할 필요 없단 뜻이다." (165쪽)
		▶ 그리스 신화 속 '프로크루스테스의 침대'가 의미하는 횡

	③	포나 독단의 중심에 내가 서 있었던 것은 아닐까. 내 생각을 기준으로 정상과 비정상을 나누었던 경험도 있었던 것 같은데, 그 '획일화'된 기준에서 벗어나면 문제가 있는 것일까?
3	②	"겨울이 지나면 새봄이 올 것이다. 이른 봄을 느끼는 사람도, 아직 겨울이라 말하는 사람도 있을 것이다. 환절기에는 거리에 다양한 옷차림이 보인다. 여전히 패딩을 입은 사람과 파스텔톤 봄 재킷을 걸친 사람들 말이다. 그러나 누구도 상대의 옷차림을 이상하게 생각지 않는다. 환절기는 모든 옷이 통용되는 제5의 계절이니까. 나는 세상이 환절기처럼 다양성을 존중하는 사회이길 바란다. 두꺼운 무채색 패딩도, 나풀거리는 파스텔톤 봄 재킷도 모두가 정답이 되는 세상 말이다." (213쪽)
	③	▶ 환절기에 모든 계절의 옷이 통용된다는 비유가 마음에 와닿는다. 모든 사람들의 삶과 사랑은 특별하니까, 다름과 틀림을 구분하지 않는 삶을 살도록 노력해야겠다는 생각을 했다. 그게 공감이고 배려일 것이다.

이렇게 하나씩 책을 읽으면서 문장들을 적어가잖아? 그러면 감동 포인트나 기억하고 싶은 부분이 다른 친구들과 모두 똑같지 않다는 걸 알게 돼. 놀랍게도 필사한 문장이 사람에 따라 제각각이거든. 여하튼 이런 식으로 나만의 '필'을 가득 담아 필사한 내용과 '왜 필사했는지, 뭘 느꼈는지'에 대한 내용을 모아두면 남들과 전혀 다른 나만의 독후감을 쓸 수 있는 거지. 필

사한 부분을 조금 각색하거나 자신의 경험 또는 공감되는 포인트를 함께 덧붙여주면, 훨씬 독보적인 나만의 독후감이 될 거고!

학생들과 책을 읽고 필사하는 시간을 통해 얻은 것이 참 많았어.

"처음에는 필사라고 해서 지겹고 어렵게만 생각했어요. 그런데 쓰다보니 집중도 잘되고 재미도 있었어요. 작성한 독서 노트를 보면 한 권의 책을 내 인생에서 가장 꼼꼼하게 읽은 것 같아서 뿌듯해요. 의미 있는 시간을 보낸 것 같아요."

한 학생은 이렇게 말하며 이후 필사를 습관처럼 하게 되었어. 자, 너희도 한번 해보면 어때? 지겹고 어렵게만 생각했던 친구도 이제는 습관처럼 필사를 하고 있잖아!

필사는 글쓰기의 시작이야. 그리고 나만의 글을 요령 있게 잘 쓰도록 만드는 MSG이기도 해. MSG가 음식에 감칠맛을 더하듯이, 필사는 우리가 쓰는 글에 풍미를 더할 거야. 그러니 오늘부터라도 필사 노트를 준비하거나 필사 전용 SNS를 만들어서 조금씩 기록하며 좋은 글감을 저장해두는 건 어떨까? 한 권의 노트가 채워질 때마다, SNS의 페이지가 올라갈 때마다, 내가 굳이 의식적으로 노력하지 않아도 어느 순간부터 자연스럽게 글이 잘 읽히고 또 잘 써질 거라고 믿어 의심치 않아. 고만고만한 글 말고, 이 세상에 단 하나뿐인 나만의 특별한 글을 써보자고! 필사를 통해서 말이야.

5. 꾸준히 날마다, 갑자기 인생이 달라지네?

우연히 도서관에서 표지를 보고 마음이 끌려 읽었다가 맞춤법에 대한 설명을 정말 재미있게 해놓아서 학생들에게도 추천하고 《학교 가기 싫은 날》에서도 소개한 책이 있어. 바로 이주윤 작가의 《오빠를 위한 최소한의 맞춤법》이라는 책이었지. 맞춤법이라고 하면 왠지 따분하고 고지식하게 배워야 정석일 것 같았는데 재미나게 알려주니까 기억하기도 쉽고 읽는 내내 즐거웠어. 그 이후로 난 작가의 SNS를 몰래 훔쳐보기 시작했어. 통통 튀는 글, 나도 모르게 웃음이 '풉' 하고 터져나와서 하트를 안 누를 수 없는 'B급' 향기가 만연한 글과 웹툰이 도배되어 있었지. 궁금했어. 도대체 그녀의 글쓰기 비법은 무엇일까?

대부분 유명 작가들에게 글쓰기 비법을 물으면 한결같이 이렇게 말해. 매일 꾸준히 자신이 정해놓은 분량의 글을 쓴다고 말이야. 이주윤 작가는 《팔리는 작가가 되겠어, 계속 쓰는 삶을 위해》라는 책도 냈는데, 그 책에 따르면 작가는 스물한 살 때부터 블로그에 일기를 썼대. 속상하고 잘 풀리지 않는 일이 있을 때마다 속을 털어놓는 대상이 친구가 아닌 블로그였던 거야. 유명한 작가가 된 후 그녀는 거의 20년 전 자신이 블로그를 처음 시작할 때 어떤 글을 썼는지 궁금해서 찾아보았는데, 바로 이런 내용이었대.

"아, 슬프다. 누가 알까. 이 마음. 메롱 까꿍. 무지 슬프다."

이것이 글쓰기의 시작이었지. 어떤 날은 이렇게 한 줄로 끝나기도 했지만, 계속해서 글을 쓰다보니 어느 날은 마우스 휠을 몇 번이나 돌려야 할 정도로 긴 글을 쓰기도 했대. 그런 그녀가 어느 날 한 워크숍에 갔는데 고재귀 작가님이 그녀의 과제를 보고 이렇게 말했다는 거야. '아주 오래전부터 습작을 해온 사람이 쓴 글이라는 느낌이 듭니다'라고. 매일매일 끄적거리는 행동은 나도 모르는 순간에 연습이 되어 좋은 글을 쓸 수 있는 힘이 된다는 생생한 증거지. 그러니까 우리는 쓸 말이 있든지 없든지 무조건 매일 쓰고 봐야 하는 거야.

글쓰기는 타고나는 걸까

얼마 전 아주 재미있는 단편소설을 읽게 되었어. 바로 김동식 작가의 《회색 인간》이라는 소설집이었지. 배경 자체가 낯설고 벌어지는 일들 또한 일반적이지 않지만 이상하게도 술술 읽혔어. 어떻게 이토록 기발한 상상력을 발휘했을까 싶을 정도로 모든 소재가 참신했을 뿐 아니라, 결말에는 늘 반전이 있었고, 텍스트 차원에서 생각할 거리를 마구 던져주니 학생들과 그 소재로 이야기를 나누면 참 좋겠다 싶을 정도였어.

특히 〈아웃팅〉이라는 단편이 인상적이었어. 철창 속 인간 10명을 제외한 모두가 인조인간임에도 불구하고, 인조인간이 아웃팅되는 순간 그가 인조인간이라는 이유만으로 차별하고 무시하고 냉대하는 모습이 그려지거든. 인간의 개인주의적이고 이기주의적인 면에 대해 생각해볼 수 있는 단편이었지. 현대의 우리가 아무 생각 없이 타인에게 던지는 돌이 방향을 틀어 나에게 향할 수도 있다는 것을 깨닫게 해줬어. 또 〈디지털 고려장〉이라는 단편도 기억이 나. 인류 포화 상태에서 정부가 비노동 인구인 노인들의 육체는 버리고 데이터로만 가상세계로 이주시키는 정책에 대한 이야기인데 꽤 마음이 아팠지. 현실의 가족 정보를 업데이트해야 하고 비용이 많이 들어서 뇌 스캔을 계속 미루는 가정이 늘어나면서, 더 이상 가상의 부모를 찾지 않는 사람들이 많아지는 상황이라니.

작가에 대한 궁금증이 생겼어. 어떻게 이토록 글을 잘 쓸 수 있는지 궁금해하며 그의 이력을 찾아보다가 깜짝 놀랐지 뭐야. 이렇게 창의적이고 재미있는 글을 쓴 그는 글쓰기를 한 번도 배워본 적이 없었거든. 학창 시절 그는 말수가 적은 조용한 아이였대. 학교에 가는 날보다 가지 않는 날이 더 많았고 출석 일수가 모자라 결국 자퇴를 할 수밖에 없었어. 이후 주물 공장에서 일을 하다가 어느 날 스마트폰을 샀는데 거기에 앱 하나가 깔려 있었대. 호기심에 클릭해본 그곳에는 재미있는 창작 글들이 많았다고 해. 그 글들을 읽다가 나도 한번 글을 써봐야겠다고 생각했고, 2016년에 '복날은 간다'라는 아이디로 첫 글을 올렸대. 그리고 자신이 쓴 글에 댓글들이 달리면서 처음으로 세상과 소통하는 즐거움을 알게 됐다는 거야. 그렇게 1년 반 동안 320편의 글을 올렸고, 그 가운데 90%가 베스트 게시물에 등재될 정도로 인기가 있었어.

사실 그가 쓴 글들이 완벽한 글은 아니었대. 태어나서 처음으로 소설이라는 것을 써봤으니 당연했을지도 몰라. 맞춤법도 많이 틀렸대. 댓글 중에 맞춤법에 관한 지적도 많았다는데, 그는 그걸 부끄럽게 생각하지 않았다고 해. 그보다는 사람들이 알려준 내용을 기억하고 고치려고 노력했대. 댓글을 달아준 모두를 스승님이라고 생각했다는 거야. 그러면서 3일에 한 편의 글을 올리는 것을 자신만의 원칙으로 정했대. 노동자로 일하는 10년간 자신도 모르는 사이 '생각하는 습관을 통해 상상했던 것'을 '스토리텔링'으로 표현해내기 시작한 거야.

사람들은 글쓰기 자체를 어렵게 생각해. 창작하는 사람은 따로 정해져 있다며 나와는 다른 부류라고 생각하지. 물론 타고난 재능도 무시하지는 못해. 하지만 태어나면서부터 손가락 끝에 뇌가 달린 것처럼 글을 잘 쓰는 사람은 없어. 글쓰기는 사고와 표현의 영역이고, 그렇기에 꾸준히 책을 읽고 글을 쓰는 노력을 하면 충분히 달라질 수 있어. 타고난 재능만으로는 글쓰기에 한계가 있고, 누구도 노력 없이는 저절로 실력을 갖출 수 없는 거야.

글쓰기를 배운 적이 없는 그가 다수의 베스트셀러 소설책을 출간한 인기 작가가 될 수 있었던 비결 또한 '노력'과 '꾸준함'이었어. 지금도 그는 평소 머릿속에 3~4개의 스토리를 대강 구성했다가 집에 가서 컴퓨터에 저장해둔대. 그런 것들이 컴퓨터 바탕화면에 100개도 넘게 있다는 거야. 정말 대단하지 않아? 우리도 할 수 있어. 또 알아? '노력'과 '꾸준함'으로 무장한다면 우리도 김동식 작가처럼 기발하고 재미있는 이야기들을 술술 풀어내는 작가가 될지?

완벽한 글을 쓸 필요는 없다

앞서 언급한 이주윤 작가처럼, 사실 나의 글쓰기도 블로그에 이것저것 끄적거리면서 시작되었어. 솔직히 별 내용도 없었어. 오늘 읽은 책 이야기, 시트콤같이 매일 실수하는 일상, 여행 이야기 등 대부분 평범한 내용들이었지. 하지만 매일

일기든 여행기든 무언가를 끄적거리는 습관을 들이니까, 그 글이 완벽하냐 그렇지 않냐에 상관없이 글쓰기 자체를 어렵지 않게 생각하게 되었어.

생각해보자. 왜 우리는 글쓰기를 두려워할까? 왜 글을 쓰려고만 하면 내 앞에 놓인 흰 종이를 하염없이 바라보며 멍해지는 걸까? 바로 글쓰기 자체에 대해 '자기검열'을 너무 심하게 하기 때문이야. 사실 이해는 가. 어렸을 때부터 마음먹고 쓴 글에 빨간 펜으로 지적을 당하면서 마음의 상처를 입어왔던 거지. 그래서 빨간 펜이 내 글 근처에 접근하지 못하도록 해야 한다는 압박감을 가지고 있는 거야. 쓰고 지우고 쓰고 지우다가 '에잇 쓰지 말아야지'라며 포기하게 되지. 아예 안 쓰면 빨간 펜으로 검열당할 일은 없으니까.

즉 우리는 '완벽하게 쓰지 못할 바에야 아예 쓰지 않겠다'라는 생각을 무의식적으로 하고 있는 듯해. 그렇기 때문에 한 글자도 시작을 못 하는 거지. 하지만 우리가 전문 작가도 아닌데 좀 못 쓰면 어때? 누구에게나 발전해가는 과정은 필요한 거잖아. 이주윤 작가도 시작은 '메롱', '까꿍'이었지만 조금씩 단계를 밟아나가면서 자신을 성장시킨 결과 많은 팬을 보유한 작가가 되었잖아. 나도 블로그에 끄적이던 글 덕분에 출판사로부터 기획안도 제안받고 여러 기회를 얻었거든.

"시작은 미약하였으나 끝은 창대하리라!"

이건 글쓰기뿐만 아니라 다른 취미나 공부도 마찬가지로 적용돼. 누구든 처음은 서툴고 부족하지만 계속해서 자신의 한계를 뛰어넘기 위해 도전하고 노력한다면, 분명 눈에 띄는 발전을 확인할 수 있을 거라고. 그러니 처음부터 완벽한 글을 써야 한다는 부담을 내려놓고 그저 재미있고 즐겁게 글을 쓰는 연습을 해봐.

글쓰기 공간을 여기저기에 만들자

그럼 글은 어디에 써야 할까? 운동을 연습하기 위해 체육관이나 운동장 같은 공간이 필요하듯, 꾸준히 글을 쓰기 위해서는 글을 쓸 공간이 필요하겠지? 아날로그 감성이 묻어나는 종이노트에 사각사각 글을 써내려가는 것도 괜찮지만, 글쓰기의 연습 단계이니까 좀더 편하게 접근할 수 있는 수단이 좋을 거야. 쉽게 쓰고 지울 수 있다면 금상첨화겠지. 다른 데 힘을 빼지 않아야 글쓰기에 집중할 수 있을 테니까.

일상의 쓰기는 인스타그램이나 페이스북 등의 SNS를 이용하는 게 좋아. 누군가는 SNS를 인생의 낭비라고 말하고, 그저 아무 생각 없이 단순하게 감정을 쏟아내는 창구라고 오해하기도 해. 하지만 SNS에 글을 올리기 위해 몇 번이나 자기 생각을 정리하고 감정을 구체화했던 경험을 떠올려봐. 그렇게 여러 번 생각을 곱씹은 후에야 다른 사람이 볼 수 있는 공개적 공간에 올리는 것이잖아. 그런 과정을 통해 여러 어휘를 사용하고 표현하면서 살아 있는 글을 만들다보면, 말과 글을 쉽고 가볍게 다루는 경지에 이르게 되지. 결국 이것을 관통하는 키워드는 역시 문해력이잖아. 우리가 손쉽게 접하는 SNS는 가장 간단하고 빠르게 자신이 소중하게 겪은 일상을 표현할 수 있는 문해력의 도구라고 볼 수 있어.

SNS에 그냥 끼적거리는 정도의 글을 쓰다가 좀더 확장된 글을 쓰고 싶다, 다양한 주제에 따라 글을 쓰고 싶다는 생각이 들면 블로그를 이용하면 돼. '이제 블로그는 갔어요, 유튜브의 시대죠'라고 하지만, 글쓰기를 발전시키면서 사람들과 소통하기도 하는 등 아마추어로서 연습할 수 있는 공간으로는 블로그가 제격이라고 생각해. 올릴 수 있는 주제 카테고리도 다양해서 내가 원하는 주제(여행기, 일상 이야기, 책 리뷰 등)를 맘껏 다

룰 수 있잖아. 글의 길이도 제약이 없으며, 사진이나 동영상까지 함께 첨부가 되고. 블로그에서는 내가 말하고자 하는 바를 여러 가지 수단을 통해 효과적으로 전달할 수 있거든. 그렇게 올린 글을 통해 사람들과 소통하면 글쓰기가 더 즐거워지고 말이야.

사실 처음에 내가 블로그에 글을 쓸 때에는 부담 없이 주절주절 잡담을 늘어놓는 공간으로 생각했었어. 그런데 계속해서 쓰다보니 좀더 정돈된 글을 쓰고 싶다는 생각을 하게 되더라고. 남들이 보는 글이니까 헷갈리는 맞춤법은 꼼꼼하게 찾아보기도 하고 말이야. 또 내 생각을 적절하게 표현할 단어가 떠오르지 않을 때면, 사전을 검색해서 힌트를 얻고 글을 쓰게 되었지. 나는 이런 식으로 글을 쓰는 나만의 방식과 철학을 만들어갔지만, 처음부터 전문적인 글쓰기를 하고 싶다면 '브런치'도 추천해.

전문 글쓰기 플랫폼 가운데 대표적인 것이 바로 브런치야. 블로그는 초보들이 글을 쓰기에는 아주 좋지만 어느 순간 '검색어'에 신경을 쓰게 된다는 단점이 있거든. 물론 모든 사람이 그런 건 아니지만, 블로그에서 내 글로 다른 사람과 소통하는 즐거움에 빠지다보면 더 많은 사람들에게 글을 보여주고 싶다는 욕심이 생길 수 있어. 그런데 블로그는 정보성 글을 담아야 다른 사람들이 검색할 때 노출이 잘되는 관계로 어느덧 검색 어에 신경을 쓰게 되는 거지. 그러다보면 내가 정말 의도하는 글을 쓰지 못할 때가 종종 있어.

브런치는 블로그보다는 조금 더 전문적인 글쓰기에 가깝다고 생각하면 돼. 키워드로 분류된 다양한 글이 모여 있고, 글을 쓰는 사람들이 주로 모이다보니 함께 서로의 글을 보며 시너지 효과를 낼 수 있지. 게다가 플랫폼 관리를 위해 따로 시간을 소모하거나 에너지를 낭비하지 않아도 돼. 오로지 글을 쓰는 데에만 집중할 수 있도록 만들어진 플랫폼이거든. 게다가 '브런치 작가'라는 타이틀이 달리기 때문에 글을 발행할 때 좀더 신경 쓰고 집중하게 되지

노트, SNS, 블로그, 브런치 등 다양한 글쓰기 공간을 이야기했지만, 사실 중요한 건 어디에 쓰느냐가 아니야. 언제 쓰느냐지. 그럼 글은 언제 쓰는 게 좋을까? 매일! 그날의 생각이나 감정, 어떤 책이나 글을 읽고 든 감상을 정리하는 글쓰기를 매일매일 조금씩 해보는 건 어떨까? 뭔가를 거창하게 한다고 생각하면 부담스럽지만 날마다 조금씩 조깅한다는 마음, 기초 체력을 기르기 위해 기본 운동을 한다는 마음으로 그날의 감

정을 들여다보고 생각을 적는 거야. 시간이 지나면서 작은 끼적거림이 습작이 되고, 그런 습작의 경험을 통해 더 꾸준히 글을 쓸 수 있는 힘을 갖게 될 거야.

필사한 내용으로 쉽게 쓰는 독후감

《B급 언어》라는 책을 쓰고 한창 인터뷰를 많이 할 때였다. 한 기자가 이런저런 질문을 하다가 마지막에 '선생님이 생각하시는 가장 충격적인 비속어는 무엇인가요?'라고 물었다. 나는 책 속에 풀어놓은 수많은 비속어들을 머릿속에 떠올리며 한참을 고민하다가 "빼도 박도 못하다 요!"라고 말했는데 상대가 의아하다는 표정으로 다시 되묻는 게 아닌가.

"그게 비속어라고요? 저는 그게 비속어인 줄 몰랐는데요. 제 기사에도 꽤 많이 썼는데…."

비속어 강연을 할 때에도 마찬가지였다. 학생들이 평소에 자주 쓰는 씨X, 존X라는 단어들의 성적인 어원보다 더 놀라워했던 것들은 '찐따', '막장'같이 우리가 평소에 아무 생각 없이 사용하는 말들이었다. 《왜요, 그 말이 어때서요?》라는 책을 읽다보니 그때의 생각이 문득 떠올랐다. 우리는 평소에도 이렇게 많은 말들을 아무 생각 없이 나도 모르게 쓰고 있다.
(▶ 나의 경험과 책의 전체적인 내용을 연결시키면서 도입부 작성.)

이 책에서는 일상에서 많이 하는 말들 가운데 다른 사람에게 상처가 될 수 있는 말들, 편견과 차별을 담을 말들에 대해 얘기해준다. **1)특히 재미로 혹은 그냥 농담으로 던지는 언어들 가운데 충(蟲)이라는 단어가 붙은 혐오 표현(한남충, 급식충, 맘충, 틀딱충 등)은 너무 익숙한 것들이라 고개가 끄덕여졌다.** 나도 한때 차별의 대상이 된 적이 있었다. 바로 유모차에 아기를 태우고 커피를 마시고 싶어 동네 유명 커피전문점에 갔을 때였다. 커피를 주문하자마자 아이는 커피숍이 떠나가게 울었고, 나는 아이를 달래려고 안고 서서 이리저리 동동거렸다. 그때 '집에서 마시면 될 커피를 왜 여기까지 와서 마셔서 다른 사람에게 피해를 주냐'라며 나를 '맘충'이라고 수군거리는 말을 들었다. 그때 어쩔 줄 몰라 어린아이의 입을 틀어막고 서둘러 커피숍을 나왔다. 아마 그들은 그저 유행하는 말을 했을 뿐 악의는 없었을 것이다. 하지만 그 안에 숨어 있는 경멸과 혐오의 의미를 알았기에 상처를 받았다.

(▶ 필사1/충이라는 단어가 붙은 표현을 본문에서 꺼내와서 그것과 연결된 경험을 서술.)

또한 **2)장애인과 인종을 비하하는 말들 (결손가정, 벙어리장갑, 절름발이 정책, 흑형)은 평소에 차별의 언어라고 생각해본 적이 없었기에 조금 충격적이었다.** 사실 누구나 아무 생각 없이 쓰는 이런 말들에 나쁜 의도가 내재되어 있다고 생각하긴 힘들다. 특히나 '흑형' 같은 경우는 흑인들이 운동신경이나 음악적 감각이 뛰어나다는 의미로 생겨난 신조어로 친근감 있는 단어라고 생각해왔었다. 그런데 저자는 이렇게 말하는 게 아닌가? **3)"칭찬을 담은 표현이지만 중요한 건 발화자의 의도가 아니라 청자의 감정이다."** '황형', '백형'이라는 말은 쓰지 않고 굳이 흑인에게만 이런 말을 쓰는 것부터가 차별이라는 말. 우리가 누군가를 조금 다르게 바라보는 시각에 대해서 담담하면서도 뼈 때리는 말들을 던져주니 꽤 신선하게 느껴졌다.

(▶ 필사2/장애인, 인종을 비하하는 표현을 본문에서 꺼내와서 그것과 연결된 경험을 서술하고 저자의 말 그대로를 필사하여 나의 주장에 대한 신뢰를 높임.)

'남자는 우는 거 아니야'라고 아들에게 말하고, '남자애들이 왜 이렇게 비실비실하니?'라고 학생들에게 말했던 적도 있었다. 성별에 따른 고정관념이 유독 심한 사회에서 살아왔고 그런 말에 익숙해져 큰 문제가 없다고 생각한 선량한 차별주의자였으며, 반대로 여성에 대한 차별이나 편견에 대해서도 차별을 받는 입장이지만 늘 담담했던 것도 사실이다. 하지만 이 책을 읽다보니 '당연한 것이 당연하지 않을 수도 있다'는 단순하면서도 깊이 있는 깨달음을 얻게 된다. 누군가는 이렇게 말할지도 모른다. "어휴, 이런 것까지 신경 써서 말하려고 하면 머리 아파서 어떻게 살아?" 하지만 이렇게 말해주고 싶다. '이런 것까지'가 아니라 '이런 것도' 배려해서 예민하게 말해야 우리 사회가, 우리 아이들이 살아가는 세상이 차별과 조금씩 멀어질 수 있는 게 아닐까? 라고.

(▶ 전체적인 내용에 대한 사회적 인식을 언급하며 느낀 점을 간단히 쓰고 생각해볼 문제에 대해 질문을 던져 마무리.)

이 글은 내가 2019년 12월에 《(중등)아침독서신문》에 게재한 《왜요, 그 말이 어때서요?》의 서평이야. 이 책은 나도 모르게 쓰는 차별의 언어, 습관적으로 쓰는 평범한 언어, 누군가에게 상처를 주는 말 등 학벌이나 사는 환경에 대한 편견의 말들을 설명하고 그런 단어에 대해 조금 더 예민함을 갖자는 취지의 책이야.

책에 따르면 '벙어리장갑'은 '벙어리' 자체가 비하하는 언어 이기 때문에 사용하지 않아야 할 표현이야. '의사 선생님', '소 방관 아저씨'처럼 직업에 따라 누구는 아저씨나 아줌마로 부르고 누구는 '님'을 붙이는 행태도 지적하는데, 평소 자주 사용하던 말에 담긴 의미를 곱씹어볼 수 있었지.

나와 다른 타인을, 사회를, 세상을 바라보는 눈을 조금 더 넓힐 수 있는 책을 읽고 어떻게 하면 좋은 서평을 쓸 수 있을까 고민했어. 그러다가 책의 내용(생각지도 못했던 언어의 또 다른 의미)을 그대로 가져와서 그것에 대한 나의 생각이나 경험을 풀어놓으면, 다른 사람이 읽기 쉽고 공감이 가는 글을 쓸 수 있을 거라는 생각이 들었지. 그래서 작가의 말을 그대로 가져오기도 하고, 어떤 부분에서는 작가의 말을 내 식으로 요약하기도 하면서 이야기를 끌어나갔지.

어때? 필사한 부분과 그것에 대한 느낌을 잘 정리해서 하나의 글로 매끄럽게 손만 봐주잖아? 그러면 너희들이 정말 어렵고 귀찮게 생각하는 독후감 쓰기 활동이 큰 어려움 없이 완성되는 거야. 한 편의 글을 빠르고 쉽게 작성하면서, 내 생각이 풍성하게 드러나는 나만의 글로 쓸 수 있다고. 필사만 잘 해두면 말이야.

4장

잘 듣고 잘 말하기,
인싸의 모든 비결

1. 경청, 진심으로 사람을 대하는 기술

지금껏 살펴봤듯이 문해력은 글을 읽고 의미를 파악하거나 이해하는 능력이야. 책을 읽고 학습 내용을 습득하기 위한 필수적인 능력에서 시작해, 약봉지에 적힌 지시사항을 이해하고 전단지에서 홍보하는 내용을 확인하는 등 생활 속의 독해 능력도 의미하지. 글을 읽고 이해하는 능력, 읽은 것과 다른 것을 연계시키는 능력, 중요한 정보인지 아닌지 판단하는 능력, 정보들을 연결해서 자신의 아이디어로 만드는 능력이 문해력이지.

이런 능력들이 필요한 이유는 평소에 책을 잘 읽고 수능의 국어 영역에서 높은 점수를 받기 위해서이기도 하지만, 그보다는 모두 사람들과의 관계와 연관되어 있기 때문에 더욱 중요해. 한마디로 사람들과 좋은 관계를 유지하며 살아가기 위해서는 문해력이 필수라는 거지. 생각해봐. 친구와 친하게 지내려면 서로가 이야기를 잘 들어야 하고, 상대가 전하는 메시지를 오해 없이 제대로 이해해야 하지. 그런데 문해력이 좋은 친구들은 상대가 무슨 말을 하는지 잘 알기 때문에, 친구와 더 깊이 마음을 나눌 수 있어.

여기서 문해력과 관련된 주요 요건이 새롭게 등장해. '글'이 주어지면 무엇부터 해야 해? 읽어야 하지. 그냥 읽는 게 아니라 잘 읽어야 글을 제대로 이해할 수 있고 말이야. 그럼 '말'은 어떨까? 들어야지! 그냥 듣는 게 아니라 '잘' 들어야 상대의 말을 제대로 이해할 수 있기에, '경청'은 소통에서의 문해력에 있어 아주 기본적이고 중요한 요건이야.

경청은 상대의 말을 잘 듣고, 그가 전달하고자 하는 메시지를 이해하고, 그 기저에 깔린 동기나 정서를 헤아리는 걸 말해. 여기에 더해 자신이 이해한 바를 토대로 상대방에게 피드백해주는 것까지 포함되지. 즉 경청은 그저 형식적으로 귀로 듣고 입으로 '와'

하면서 박수를 치는 게 아니라 상대방의 생각을 진심으로 존중하며 공감하는 거야. 그런 부분을 생각해보면 듣고 말하기는 독서와 비슷한 결이 느껴져. 책을 읽는 것도 이 사람(저자)이 나에게 무슨 말을 하고 싶은지 집중해서 읽고 또 질문하면서, 책을 최대한으로 이해하는 과정이잖아. 대상을 책에서 사람으로 바꾸면 그것이 바로 경청인 거지. 이 말인즉슨 결국 경청의 기술을 잘 연마한다면 문해력의 본질을 그대로 꿰뚫을 수 있다는 거야.

상대의 말에 귀를 기울이며 그를 존중하는 대화의 기술인 경청을 잘하면 어떻게 될까? 상대방의 의도를 제대로 파악해 보다 깊이 있는 대화와 교감이 가능해지지. 이건 사람들과 소통하는 데 꼭 필요한 능력이야.

경청의 나비효과

나비효과라는 말, 알지? 어느 한 곳에서 일어난 나비의 작은 날갯짓이 아주 먼 곳에 태풍을 일으킬 수도 있다는 뜻을 담은 말이잖아. 사소한 변화가 가져오는 엄청난 영향을 이야기할 때 나비효과라는 말을 쓰곤 하지. 그런데 '경청의 나비효과'라는 말은 혹시 들어봤니?

경청에도 나비효과가 있다니 이상하게 들릴 거야. 그런데 이걸 제대로 보여준 사람이 있어. 바로 소설 《불편한 편의점》의 주인공인 '독고'라는 남자야. 서울역에서 노숙인 생활을 하던 독고는 어느 날 70대 여성의 지갑을 주워준 것을 계기로 그녀의 편의점에서 야간 알바를 하게 돼. 독고는 덩치가 곰처럼 클 뿐 아니라 알코올성 치매로 과거를 기억하지 못하거든? 게다가 행동도 굼뜨고 말도 어눌하지. 과연 그가 손님을 상대하는 편의점 일을 잘할 수 있을지에 대해 모든 사람이 의문을 품었지만, 그는 일만 잘하는 게 아니라 주변 사람들을 묘하게 사로잡으며 편의점을 사람들의 소통 창구로 만들어.

이 작품에는 독고 외에도 많은 인물이 등장해. 20대 취준생인 알바 '시현', 생계를 위해 알바를 하는 50대의 '오 여사', 매일 밤 편의점의 야외 테이블에서 참참참(참깨라면, 참치김밥, 참이슬) 세트를 먹으면서 그날의 스트레스를 해소하는 회사원 '경만', 이번이 마지막이라는 굳은 다짐을 하고 청파동에 글을 쓰러 온 30대의 희곡작가 '인경' 등. 다들 녹록지 않은 인생의 무게로 괴로워하는데, 독고가 건넨 한마디를 계기로 전혀 다른 방향의 삶을 살게 돼. 그런데 독고가 엄청 거창하고 심오한 말을 해준 건 아니야. 그는 그들의 말을 '들어주고' 그들의 마음속에 있는 이야기를 해주었을 뿐이지.

작품 속에 이런 이야기가 나와. 어느 날 오 여사는 게임만 하며 집 밖으로 나오지 않는 자신의 아들이 사회에서 이탈한 패배자라는 생각이 들어 편의점에 주저앉아 울고 있었어. 그런 오 여사에게 독고는 아들에게 편지를 쓰라고 말해. 아들이 어떤 고민과 곤란함으로 오 여사가 깔아놓은 궤도에서 이탈했는지 그 이유를 알려달라는 편지 말이야. 그러니까 독고는 오 여사에게도 '들어주기'를 조언한 거야. 일단 들어줘야 상대의 마음을 알 수 있고, 그래야 상대의 마음을 움직일 수도 있으니까. 이런 식으로 독고의 경청은 주변 사람들에게 조금씩 퍼지면서 그들의 삶에 크나큰 바람을 몰고 오지. 즉 '경청의 나비효과'가 생기는 거야.

잘 듣는다는 것은 상대방을 존중한다는 의미

학생들과 독서 동아리를 운영하면서 아이들이 구입하고 싶은 책의 목록을 조사한 적이 있었어. 매번 같은 책을 함께 읽는 것보다 자신이 관심 있는 진로와 관련된 책을 각자 읽어 보는 것도 좋겠다 싶었거든. 소믈리에라는 직업을 꿈꾸는 학생은 와인과 관련된 책을, 마케팅에 관심이 많은 학생은 스테디셀러로 유명한 경영서를 골랐지. 그런데 한 학생이 《중학교 입학 가이드》를 적어 제출했고 나는 책의 제목을 보자마자 화부터 냈어.

"장난치지 말랬지? 매사에 진지하라고 몇 번을 말하니?"

그러자 그 학생이 처음 보는 표정으로 내게 소리치는 거야.

"선생님, 저 진짜 진지하다고요! 왜 제 말을 끝까지 안 들어주세요?"

뜨끔하더라. 이야기는 듣지도 않고 화부터 냈으니까. 고등학생이 중학교 입학 가이드를 알려주는 책을 읽겠다고 하니, 장난을 치는 것 같아서 화가 났거든. 처음에는 아무리 곱씹어봐도 왜 이 책을 골랐는지 이해가 되지 않았어. 나중에 이야기를 들어보니 중학교 때 뭔가 부족한 부분이 있어서 지금 성적이 잘 안 나오는 건 아닌지 궁금했대. 책을 통해 그때로 돌아가서 뭐가 잘못된 건지, 공부와 생활 전략에 대해서 확인해보고 싶다는 거였어. 상황을 알고 나니 한편으로는 미안했어. 그 학생이 무슨 이유로 책을 선택했는지 들어보지도 않고, 나는 내 마음대로 생각하고 오해했던 거야.

누군가와 대화하면서 내 할 말만 하느라고 정작 상대방의 이야기를 제대로 듣지 않은 적 있지 않아? 내가 그 학생에게 그랬던 것처럼 나의 입장으로만 세상을 바라보고, 상대방에게 발언 기회도 주지 않은 채 일방적으로 말하기만 한 적 말이야. 앞서 언급한 《불편한 편의점》의 독고는 달랐어. 자신의 시각으로만 세상을 바라보고, 자기 이야기만 하느라 바쁜 사람들 사이에서 상대방의 말을 진심으로 들어줬지. 그렇기에 사람들은 독고에게 자신의 마음을 솔직히 털어놓고, 또 독고는 그들에게 필요한 이야기를 전할 수 있게 돼. 덕분에 오 여사는 아들과 화해하고, 알바생 시현이는 편의점 점장으로 살게 되지. 가정과 사회에서 내쳐졌다는 생각에 외로움의 끝을 달리던 경만 역시 독고에게 자신의 이야기를 털어놓음으로써 무사히 제자리를 찾아. 배우에서 작가로 직업을 바꾼 인경도 독고를 만나 자신의 커리어에 날개를 달게 되지.

이렇게 경청은 나비효과를 가져와서 개인과 가정, 사회로까지 신비한 힘을 발휘하며 긍정적 에너지를 펼쳐나가게 돼. 비주류에 가까웠던 사람들이 가족이나 사회 혹은 자기 자신과 화해를 해나가는 거야. 그리고 사람에 대한 관심과 배려와 경청이 불러온 나비효과는 결국 독고에게 자신의 과거를 반추하도록 만들지. 그로 인해 독고도 자신만의 삶을 살겠다는 힘을 얻어.

독고가 편의점에서 만난 사람들에게 했던 것처럼, 경청은 그 사람의 '때'에 그 사람의 '방식'으로 들어주는 것을 의미하지. 경청이 중요한 것은 바로 이렇게 다른 사람의 말을 들어주면서, 당신을 온전히 이해하고 있다는 마음을 전하기 때문이야. 그렇게 되면 상대방의 마음이 열리고, 그 진심이 닿으면서 따뜻한 영향력이 전달되고 행동의 변화가 일어나지. 나와 연결된 사람들에게 너를 온전히 이해한다는 마음을 전하고 긍정적인 영향력을 전파하는 것은, 어마어마한 곳에서부터 시작되는 것이 아니야. 일상에서 지극히 사소한 순간에 진심으로 사람을 대하는 것, 경청으로부터 시작되는 거야.

말도 없는데 잰 핵인싸야

예전에 대학에서 열리는 고등학교 토론대회에 심사를 하러 간 적이 있었어. 심사 기준은 4개 영역으로 나누어져 있었는데 가장 배점이 높았던 부분은 '논점을 제대로 파악하여 내용을 구성하고 있는가?', '상대방의 주장에 대해 논리적으로 반박하고 있는가?', '질문에 대해 제대로 이해하고 답변하고 있는가?' 같은 부분이었어.

한 학생이 팀의 주장을 굉장히 유창하게 발표하여 '오! 좀 하는데?' 하며 눈여겨보았지. 그때까지는 모두 완벽했어. 준비해 온 부분이었으니까. 하지만 문제는 그다음부터였지. '토론대회'니까 발표만 잘해서는 소용없잖아. 상대방의 주장을 잘 듣고, 그중 모순이 있는 부분을 정리하고 그것에 대해 반박을 해야 하지. 그런데 그 학생은 상대방의 말은 듣지 않고 계속 자기 측 주장만 펼쳤어. 미리 준비한 부분만 앵무새처럼 읽고 있었던 거지.

그렇게 토론을 이끌어가다보니 분위기가 어땠겠어? 토론이 아니라 웅변 같았지. '반대를 위한 반대'나 '일방적인 고집'으로밖에 보이지 않더라. 토론은 내용을 암기해서 자신의 논리만 앵무새처럼 반복하는 게 아니야. 토론을 위해 숙지한 지식을 토대로 논리를 펼치고, 상대의 의견을 잘 듣고 그것에 대한 자신의 생각을 말하면서 상대를 설득해나가는 과정이야. 독불장군처럼 자기만 옳다는 태도로는 어떤 사람도 설득할 수 없지.

토론뿐만이 아니라 일상에서도 똑같아. 상대방의 의견에 대한 포용, 그것이 바로 경청이야. 경청이 몸에 밴 사람들은 다른 사람들과의 관계를 부드럽고 또 단단하게 만들지. 소통과 관계에 있어 존경받는 국민MC 유재석을 생각해봐. 그의 대화 방식을 유심히 보면, 어떤 점이 그에게 이런 수식어를 붙여줬는지 이해가 되거든.

그는 말을 많이 하지 않지만 게스트의 말을 집중하며 들어. 과한 리액션 같은 것 없이 고개만 끄덕이고 그저 가볍게 박수만 치지. 그래도 우리는 그가 상대방의 의견에 관심을 기울이며 상대방을 존중하고 있다는 것이 느껴져. 왜냐하면 상대방의 말이 끝난 후 그가 던지는 질문이나 덧붙이는 말을 보면, 상대방의 진심을 제대로 이해하고 말한다는 생각이 들거든. 바로 그게 경청인 거지.

경청은 말을 잘하기 위한 준비이기도 해. 좋은 대화를 위해서 혹은 제대로 말하기 위해서는 뛰어난 언변이 필요할 것 같지만, 결국은 잘 듣는 게 답이거든. 잘 들어야 상대와 교감할 수도, 상대를 설득할 수도 있으니까. 왜 학교에 그런 친구 한 명씩 있지 않아? 말을 많이 하지도 않는데 친구들 사이에서 '핵인싸'인 친구 말이야. 그런 친구들을 가만히 살펴보면, 대부분 상대의 이야기에 귀 기울이고 딱 필요한 이야기만 짧고 굵게 하는 경우가 많아. 그러니까 친구들이 좋아할 수밖에 없는 거지. 다른 사람의 말을 잘 듣는 사람은, 말을 많이 하지 않아도 친구들 사이에서 인싸가 될 수 있는 거야.

아무튼 모모에게 가보게!

하지만 꼬마 모모는 그 누구도 따라갈 수 없는 재주를 갖고 있었다. 그것은 바로 다른 사람의 말을 들어주는 재주였다.

－《모모》중

소설 《모모》의 주인공 '모모'는 다른 사람의 말을 잘 들어주는 재주를 갖고 있었어. 그게 무슨 특별한 재주일까 싶지만 주위 사람들을 잘 돌아봐. 너의 말을 잘 들어주는 사람이 있는지. 진정으로 내 말에 귀 기울이며 내 맘을 알아주는 사람은 아주 드물잖아. 하지만 모모는 달랐어. 누구의 이야기든, 어떤 말이든 귀 기울여 들을 줄 알았거든.

모모가 지닌 경청의 힘은 실로 대단했어. '저 사람이 나의 이야기에 온 마음을 다해 귀 기울이고 있구나'라는 믿음은 사람들이 자신의 문제가 무엇인지를 스스로 깨닫게 만들었지. 또 자신도 깜짝 놀랄 지혜로운 생각을 해결책으로 떠올리게 했어. 그렇게 사람들은 시름을 잊고 다시 처음부터 시작하는 자신의 인생에 대해 생각하게 되었지. 모모는 그저 경청을 했을 뿐인데, 이런 일이 가능하다니 대단하지 않아?

물론 우리는 어렸을 때부터 경청이 중요하다는 말을 자주 들어왔어. 하지만 그걸 실천하는 사람들은 많지 않지. '듣는 것' 보다는 읽거나 말하거나 쓰는 것이 중요하다고 생각하니까. 아마 '경청'이라는 단어 자체를 생소하게 생각하는 사람들도 많을 거야. 하지만 모모의 이야기를 읽으면서 다른 사람들과 소통하기 위해서는 이 경청이라는 게 무척 중요하다는 사실을 다시금 깨닫게 되었어. 글을 제대로 읽는 것도 중요하지만, 다른 사람의 마음을 제대로 읽는 것은 그보다 더 중요하다는 것도 말이야.

친구와 대화할 때 어떤 친구와 이야기하는 게 좋아? 혼자 자기 이야기만 하는 친구와 대화할 땐 어떤 생각이 들어? 집중이 잘 안 되어서 말수가 줄어들거나, 아무 감흥이 없어서 형식적인 대화만 이루어질 때가 많지 않아? 토론이나 공식적인 말하기에서도 '듣기'가 필요하듯이, 일상적인 대화에서도 '듣기'가 중요해. 사람들은 자신의 이야기를 공감하며 들어줄 수 있는 사람을 원하거든. 하지만 자기의 이야기를 정말 소울메이트처럼 들어주는 사람을 찾기는 현실적으로 어렵지. 그래서 경청이 더 빛을 발할 수 있는 거야. 경청하는 사람이 별로 없으니까 '희소성'이 있다고 할까.

일반적인 소통에서 의식적으로 경청하려는 노력을 한다면, 어느 순간 서로에게 진심을 다하는 관계가 되고 있다는 사실을 발견할 수 있을 거야. 집중해 듣는 행위는 말하는 사람을 기분 좋게 만들기 때문에 상대방은 신나게 여러 이야기를 하게 되고, 그럼 대화도 관계도 더욱 깊어지는 거지. 입장을 바꿔 상대방이 너의 말에 집중하며 경청하고 있다는 것을 알게 되었을 때, 너 또한 상대방에게 너의 생각을 좀더 자신 있게 전달할 수 있지 않겠어?

소통을 위한 문해력은 우리가 얼마나 경청을 잘하고 있는지,

다른 사람의 의견과 생각에 얼마나 귀를 기울이고 있는지가 관건이야. 자, 적어도 오늘 하루는 '입'을 닫고 '귀'를 열어보자. 그럼 네가 열심히 말할 때보다 훨씬 깊이 있고 풍성한 대화가 가능할 거야. 그게 바로 경청의 힘이니까!

2. 독서 모임, 책만 읽었는데 입까지 트이다

몇 년 전 여름, 《B끕 언어》를 출간한 후 '독서 클럽, 책으로 만나는 세상'이라는, 당시 다음카페에서 꽤 유명한 독서 모임에서 '저자와의 만남'을 제안해왔어. 내 책으로 독자들과 만나 이야기를 나눈다는 경험이 매우 신선하게 느껴져서 바로 수락했지. 그런데 카페 운영자분이 내게 아주 재미있는 제안을 했어. 저자가 아니라 독서 모임의 신입 회원인 것처럼 참석해서 사람들과 함께 토론에 참여해달라는 거였어. 독자들의 솔직한 생각도 들어보고 싶은 마음에 흔쾌히 받아들였지. 그렇게 나는 내 인생 처음으로 독서 모임에 참여하게 되었어.

토론은 생각보다 꽤 진지해서 처음에는 그 분위기에 적응하기가 무척 힘들었지. 그런데 시간이 지나면서 열정적으로 책 이야기를 나누다보니, 나도 모르게 사람들과 즐겁게 대화하고 있더라고. 책에 대한 의견이 서로 다를 때도 바로 반박하지 않고 최대한 경청하는 모습을 보며, 내가 그 모임에 함께하고 있다는 사실이 너무 자랑스럽게 느껴지더라.

미래 사회에서는 유연한 태도와 적응력이 중요하다고 해. 이를 관계에 대입해 생각해보면, 상대가 누구든지 상관없이 의사소통을 잘할 수 있어야 한다는 거지. 자기를 표현하고 상대방의 말을 듣고 생각을 발전시키거나 전환하는 기술? 어? 이거 어디서 많이 들어본 이야기잖아. 맞아. 책을 읽고 그 책에 대한 질문을 만들어 생각을 정리하고, 그런 것들을 한자리에서 이야기하며 서로 경청하는 문화. 바로 독서 모임인 거야. 잘 생각해보면 문해력을 완성하는 종착지가 바로 독서 모임인 거였어!

읽은 책으로 수다를 떠는 즐거움

　'저자와의 만남' 게스트로 참여한 이후부터 독서 모임에 대한 나의 무한한 동경이 시작되었어. 직접 경험했기 때문에 이토록 의미 있는 시간이라면 열심히 나의 시간을 내어주리라 다짐했지. 사실 그때까지만 해도 책을 읽으려고 다이어리에 계획만 열심히 세웠지, 누구나 그렇듯 3일이 지나면 제자리요, 정작 실천에 대해서는 꽤 소극적인 자세를 취했거든. 책을 펼 때면 나도 모르게 잠이 솔솔 와서 '오늘은 이만 읽어야겠다!' 하고 책을 덮었고, 독서 시간에 친구에게 메시지가 오면 정신은 이미 그쪽에 가 있다가 '아, 읽은 부분 까먹었네. 내일부터 다시 시작해야겠다!' 하는 패턴. 매번 다람쥐 쳇바퀴 돌 듯 독서에 대해 게으른 태도를 유지하니 책을 읽는 데 진도가 나갈 리 없었지.

　그런데 오프라인 모임을 시작하면서부턴, 독서를 오래 지속하지 못하는 나에게 2주에 한 번씩 누군가가 손을 내미는 기분이었어. 자의를 빙자한 타의에 의한 독서가 시작된 거였지. '그게 뭐야! 결국은 너 스스로 읽은 게 아니라 다른 사람이 등 떠밀어 반강제로 독서를 한 거잖아!'라고 누군가가 비난할지도 모르겠지만 생각해보자고. 우리가 누군가가 등 떠밀고 손 내밀다고 해서 책을 꾸준히 읽는 사람인가? 그런 점에서 독서 모임은 나 같은 사람에게는 더할 나위 없이 고마운 존재였던 거지. 그때 알았어. 책에 관해 이야기를 나눌 수 있는 친구와의 주기적인 만남은 독서를 습관화하는 데 큰 도움이 된다는 사실을 말이야.

생각해보면 운동할 때에도 친구랑 같이하면 덜 지루하기도 하고 자극도 되잖아. 비 오는 날에도 이미 운동하러 나간 친구를 보며 '쟤가 나가는데 나는 왜 못해! 나도 해야지!'라고 눈 비비면서 꾸역꾸역 기어나가고 말이야. 마찬가지로 독서 모임은 책을 읽지는 않으면서 늘 책을 읽어야 한다는 마음의 부담만 가지고 시간만 질질 끌던 나에게 마감 기한(모임 날짜)과 정독(발제문에 대한 각자의 생각 정리하기)에 대한 압박을 주더라. 지금은 말할 수 있어! 나의 독서 습관의 8할은 독서 모임으로 만들어졌다고 해도 과언이 아니라고.

모임에 참여하면서 다른 관점을 가진 사람들을 만날 수 있어서 그것도 좋았어. 대개는 비슷한 생각을 가지고 비슷한 이야기를 하는 사람들끼리 친구가 되기 때문에, 나와 다른 생각을 하는 사람을 만나는 것이 상당히 어렵거든. (나는 심지어 키도 비

숫한 친구들이랑만 어울렸어.) 그런데 독서 모임은 다들 '책' 하나로 모였기 때문에, 성격도 외모도 생각도 모두 다양했지. 그래서 책을 읽고 만드는 발제문도 제각각이었을 뿐 아니라, 그 발제문에 대한 생각조차도 모두 달랐어.

사실 처음에는 같은 발제에 대해 남들과 다른 생각을 말한다는 게 괜히 정답이 아닌 것 같고 불편하게 느껴져서, 그저 고개만 끄덕이면서 입을 꾹 다문 적도 많았거든. 하지만 독서 모임을 계속해서 유지하다보니까 다른 사람의 생각이 나와 다를 수도 있다는 점을 인정하게 되었고, 그것이 '틀린 것'이 아니라 '다른 것'이라고 유연하게 받아들일 수 있었어. 모두가 나와 같은 생각을 하지 않는다는 깨달음의 경험들이 쌓이면, 편협한 시각이나 독선에 빠지지 않는 어른으로 성장하는 밑거름이 되는 것 같아.

그뿐만이 아니었어. 나는 내가 좋아하는 분야의 책만 편독하는 영혼이었는데, 여러 장르의 책들을 두루 읽는 사람들과 함께하면서 자연스럽게 다양한 책을 여행하는 사람이 되어갔지. 평소 좋아하는 이기호 작가의 소설이나 베스트셀러인 자기계발서만 뒤적거리던 내가 《핑거스미스》, 《예감은 틀리지 않는다》와 같이 문학상을 수상한 소설들에 관심을 갖게 되었고, 두

262

께부터 맘에 들지 않는 《사피엔스》, 《코스모스》에도 밑줄을 치기 시작했지. 알록달록 색깔 따라 모으기만 했던 민음사 세계문학전집의 《카라마조프가의 형제들》, 《인간 실격》 같은 책들도 반강제로 멱살을 잡혀가며 읽기 시작했어.

그러니까 나는 독서 모임을 하면서 이 세상에 존재하는 많은 책들을 진심으로 여행하게 된 거야. 혼자 책을 읽었다면 절대로 넘보지 않았을 분야의 책들을 하나씩 섭렵하게 된 거였지. 그러니 어땠겠어. 아는 책들도 많아졌고, 우물 안 개구리에서 벗어나 다양한 시야로 책의 세계를 바라보게 되었지. 독서 모임은 단순히 책에 대한 이야기만 하는 자리는 아니거든. 책에서 느낀 점을 현실에 비추어 가지게 된 통찰력이나 성찰에 대해서도 이야기를 나누기 때문에, 한 권을 읽고 삶의 시야까지 넓힐 수 있지.

듣고, 말하고, 이해하고, 쓰는 능력인 문해력의 4종 세트를 모두 야무지게 활용할 수 있는 독서 모임, 어때? 매력적이지 않아? 그런데 독서 모임은 어떻게 시작해야 하냐고? 별로 어렵지 않으니 나만 따라와.

독서 모임 어떻게 해야 할까

Step1. 독서 모임 가입하기(혹은 만들기).

목마른 사람이 우물을 파는 법이지. 독서 모임을 해보고 싶다고 생각했다면, 이미 만들어진 모임에 들어가는 것도 좋지만 내가 직접 만들어보는 것도 나쁘지 않아. 코로나19 때문에 온라인 독서 모임도 많이 생겼거든. 온라인 모임은 인원 제한도 없고 시간과 공간에도 제약이 없는 등 사실 장점이 엄청 많아. 하지만 나는 개인적으로 책 이야기는 직접 만나서 해야 더 재미있다고 생각해. 그래서 오프라인 모임을 선호하지(지금도 유지하고 있는 독서 모임은 모두 오프라인 모임이야).

나는 현재 3개의 독서 모임을 진행하고 있어. 학생들과 하는 독서 모임, 선생님들과 함께하는 독서 모임, 같은 동네 친구들과 진행하는 독서 모임이야. 모임의 참여자가 각기 다르기 때문에 함께 이야기하는 책의 성향이 전부 제각각이야. 그래서 더 좋아. 훨씬 더 다양한 범위의 책들을 만나고 그것에 대한 이야기를 나눌 수 있거든. 우리 학교 학생들은 자율 동아리라는 명목하에 같은 진로를 가진 친구들끼리 진로 독서를 하는 모임을 만들기도 하더라. 예를 들어 '경영학과'를 지망하는 학생들은 경제, 경영에 관한 책을 서로 골라 읽고 이야기하면서, 자신의 사고를 확장해가고 독서 경험을 고취시키기도 하지. 독서에 대한 의지와 열정을 가지고 있는 친구들이라면 이렇게 모임을 만들어서 함께 시행착오를 겪어나가며 독서 습관을 키우는 것에 대해 대찬성이야.

Step2. 책 선정하기.

독서 모임을 처음 하는 사람들이 가장 궁금해하고 어려워하는 것이 바로 책 선정이야. 그런데 사실 정답은 없어. 그래도 하나만이라도 말해달라고 한다면, 나는 평소에 읽고 싶었던(읽어봐야지 하고 다짐했던) 책으로 시작하라고 말하지.

하지만 내가 발제자가 되었을 때에는 고민이 더욱 커지기 마련이야. 너무 쉬운 책을 고르면 수준이 낮아 보이고, 그렇다고 어려운 책을 고르면 내가 소화해내기 버거울 뿐 아니라 발제까지 힘들어질 수도 있으니까. 하지만 쉬운 책과 어려운 책 사이에서 남의 눈치를 보지 말고 나의 주관을 세우는 것이 중요해. 쉬운 책은 이야기가 술술 전개될 거라 독서 모임에 활기가 돌고, 어려운 책은 잘 이해가 되지 않았던 점들에 대해 이야기할 수 있지. 어느 책을 선택하든 괜찮은 거야!

실제로 선생님들 사이에서 독서 모임을 진행할 때에, 19세기 어느 과학자의 삶을 좇아가는 과학서 《물고기는 존재하지 않는다》보다 청소년 소설 《순례 주택》을 선정했을 때가 훨씬 더 재미있고 부담도 덜했다는 의견이었어. 그렇다고 모두 쉬운 책만 선호한다는 의미는 아니야. 앞서 말했듯 어려운 책은 어려운 대로 장점이 있거든.

특히 내가 발제자일 때 어려운 책을 선택하면 좋은 점이 있어. 책을 선정한 발제자라는 책임감 때문에 한 줄이라도 더 밑줄 치고 열심히 읽게 되거든. 한 가문의 생성과 몰락을 담은 소설 《백년의 고독》이 나에게는 그런 책이었어. 늘 책장에 관상용으로 잘 꽂아두었는데, 내가 그 책을 선정하며 스스로 발제자가 되자 독서 모임을 성공적으로 마치기 위해 치열하게 읽게 되더라. 등장인물들의 이름이 얼마나 비슷하고 헷갈리는지, 부엔디아 집안의 가계도를 옆에 놓고 책을 읽어갔지. 의도한 것은 아니었는데 발제문을 만들기 위해 결국 두 번이나 반복해서 읽게 되었어.

독서 모임이 아니었다면 《백년의 고독》은 아직까지도 고운 자태를 유지하며 책장에 잠들어 있을 거야. 함께 읽는 것을 시도했기 때문에, 특히 내가 발제를 하겠다고 용기를 냈기 때문에 다른 사람들보다 더 열심히 읽어낼 수 있었던 거지. '잠이 오지 않을 때 읽으면 잠이 솔솔 오는 책'이라며 우스갯소리로 추천하는 알랭 드 보통의《불안》도 독서 모임을 통해 완독하는 보람을 느낄 수 있었던 책이야.

그러니까 독서 모임용으로 선정하기 좋은 책은, 유명한 책도 아니고 남들이 '우와~' 하는 책도 아니야. 포인트는 내가 읽어보고 싶은 책, 내가 이 기회에 도전하고 싶은 책이라는 걸 기억했으면 좋겠어.

Step3. 독서 모임 진행하기.

독서 모임은 친구들과 만나서 수다를 떠는 것과 크게 다르지 않아. 수다의 주제가 연예인이나 이성 친구에서 그저 책으로 바뀐 것뿐이야. 그럼 독서 모임에 참여했다면, 어떻게 진행을 하면 좋을까? 나에게 이 매뉴얼을 요구하는 사람들이 꽤 많았는데 미안하게도 답을 해줄 수 없었어. 친구들과 수다 떨 때 참조할 만한 매뉴얼이 있는 건 아니니까. 하지만 정말 맨땅에 헤딩하는 기분이라는 친구들을 위해 수월하게 진행할 수 있는 약간의 팁을 얘기해줄게. 이것이 정답은 아니니까 상황에 따라, 멤버에 따라 조금씩 바꿔가며 유연하게 운영하면 좋겠지.

우선 모두가 같은 책을 읽을지 각자가 다른 책을 읽을지 정해야 해. 늘 똑같은 방식을 유지할 필요는 없어. 상반기에는 같은 책을 읽고 하반기에는 다른 책을 읽는다든지, 3개월은 같은 책을 읽고 1개월은 다른 책을 읽으며 분위기를 환기시킨다든지 하는 등 멤버들끼리 협의를 거쳐 룰을 정하면 좋아.

같은 책을 읽고 이야기를 나누면 깊게 대화를 할 수 있다는 장점이 있어(정독의 개념). 모두가 다른 책을 읽고 이야기를 나누면 다양한 책에 대한 호기심을 가지며 독서 욕구를 뿜뿜 할 수 있다는 장점이 있지(다독의 개념).

첫 번째로 같은 책을 다 같이 읽는 경우를 생각해보자. 예를 들어 진로 독서를 함께하는 모임에서는 발제를 신경 쓰며 진행하면 좀더 깊은 대화가 가능해. 발제가 꼭 멋진 질문만으로 구성될 필요는 없어. '소설에서 등장하는 흥미로운 캐릭터와 그 이유'라든지, '맘에 드는 구절'이라든지 그냥 떠오르는 대로 자유롭게 정리하면 돼. 또 그 달의 책을 선정한 사람이 일괄적으로 발제하는 경우에는 모임 며칠 전에 멤버들에게 발제문을 전달해주면 미리 답변을 준비할 수 있으니 좋지.

여럿이서 돌아가며 발제를 하는 방법도 있어. 한 사람당 하나의 발제문을 만들어와서 차례차례 발제를 중심으로 이야기를 이끌어나가면 모두가 부담 없이 참여할 수 있어. 게다가 다양한 주제에 대한 이야기가 나오니까, 혼자 발제할 때보다 훨씬 더 확장된 사고 속에서 대화를 나눌 수 있게 되지.

그런데 학생들에게 이렇게 설명했더니 '도대체 어떻게 하라는 거야!' 하는 표정으로 날 쳐다보더라. 그래서 나는 자신이 읽은 책의 내용을 PPT로 정리하거나 카드뉴스 형식을 빌려 작성해보라고 말해.

다음의 자료는 PD가 꿈인 학생이 《예능 PD와의 대화》를 읽고 만든 카드뉴스야. 책에 대한 요약과 추천 문장, 그리고 자신이 읽은 부분에 대한 생각을 전한 후, 마지막은 PD를 꿈꾸는 친구들에게 추천하는 이유로 마무리를 하지. 가벼운 책 소개라고 생각해도 좋아. 친구들은 이 소개를 보면서 '오 재밌겠는데?', '나도 한번 읽어볼까?'라는 생각이 들 수 있어. 그러면 어느 정도 성공적인 발표였다고 볼 수 있겠지.

그냥 모임에 가서 준비 없이 말하면 안 되냐고 묻는 친구들도 있어. 당연히 되지. 내가 말했잖아. 정해진 규칙이 있는 것이 아니라고. 자유롭게 발표해도 정말 좋지만 이런 형식을 이용하라는 이유는 딱 하나야. 이것을 준비하는 과정은 책 한 권을 머릿속으로 정리할 수 있는 가장 좋은 방법이거든. 이런 발

예능 PD와의 대화
저자: 홍XX

이 책은 무슨 책이야?

하루 1시간의 스트레스를,
1시간의 괴로움을 잊게 해주는 사람 PD
5명의 예능 PD와의 대화를 통해
예능이 무엇이고 PD란 누구인지,
앞으로 PD는 어떤 걸 해야 하는지 알려주는 책이야!

이런 문장은 어때?

추천 문장
1. 예능의 본질은 김밥과 떡볶이, 영양가를 기대하지 말자.
2. 하루에 1시간의 스트레스를, 1시간의 괴로움을 잊게 해주는 사람.
3. 주변에서 '재밌습니다' 하면 그 맛에 하는 겁니다.
4. 남들에게 무관심한 사람이 좋은 프로그램 만드는 거 본 적이 없어요.

이렇게 한번 읽어봐!

예능의 본질은 김밥과 떡볶이, 영양가를 기대하지 말자
메시지나 교훈도 중요하지만 예능의 본질은 웃음이지!
메시지도 좋지만 재미와 웃음이 가장 첫 번째 요소라고 할 수 있어!
김밥과 떡볶이가 우리에게 흔하고 편한 분식이듯이,
나도 콘텐츠를 '쉽고 편하게' 무엇보다 '재밌게' 제작해야겠어!

이렇게 한번 읽어봐!

**하루 1시간의 스트레스,
1시간의 괴로움을 잊게 해주는 사람**
PD라는 존재의 정의를 말해주는 것 같아!
대중들의 1시간을 즐겁게 해주기 위해 힘들게 고생하지만
나름의 뿌듯함과 준비 과정에서 행복을 찾는 직업인 것 같아!
이게 바로 PD의 존재이자 역할이라고 생각해!
내가 PD라는 직업을 희망하고 있는 이유가 이게 아닐까 싶어!

이렇게 한번 읽어봐!

주변에서 '재밌습니다' 하면 그 맛에 하는 겁니다
고되고 힘든 방송 프로그램 제작이지만
5명의 PD들이 이 직업을 계속하는 이유는 이게 아닐까 싶어!
아무리 지쳐도 재밌다는 말 한마디가
이들을 예능PD로 살도록 만드는 것 같아.

이렇게 한번 읽어봐!

남들에게 무관심한 사람이 좋은 프로그램 만드는 거 본 적이 없어요
좋은 프로그램이 있으려면, 좋은 PD가 있어야 되고,
좋은 PD가 되려면 남에게 관심이 있어야 해!
타인의 감정에 공감하고 경청할 줄 아는 것이 PD의 자질이지!
여러 사람들과 의견을 모아야 하는 PD의 특성상
남에게 무관심하면 나쁜 방향으로밖에 흘러갈 수 없을 거야!

이 책 정말 추천해!

PD를 꿈꾸고 있는 사람이라면
꼭 한 번 정도는 읽어봤으면 좋겠어!
단지 PD라는 직업에 대한 이야기뿐만 아니라 제작 현장, 실제
촬영 과정 등에 대한 이야기도 담겨 있어서 유익한 책이야!
우리나라 예능의 과거는 어땠고 현재는 어떠한지, 미래는 어떠할지를
깊이 알아보고 생각해볼 수 있는 의미 있는 책이지!

《예능 PD와의 대화》를 읽고 만든 카드뉴스

표를 준비할 때 너희들은 그냥 무작정 요약하고 필사한 부분을 적는 것이 아니잖아. '책의 많은 내용 가운데 어떤 부분을 소개하면 좋을까?', '어떤 식으로 요약해볼까?', '마무리는 어떻게 할까?' 등등을 고민하는 과정을 통해 책의 내용을 곱씹어 볼 수 있어. 친구들에게 잘 전달하려면 어떻게 할지 생각해볼 수도 있지. 직접 말하고 친구들의 피드백을 듣는 이 과정, 그것이 결국 문해력 4종 세트를 완성해나가는 과정인 거야. 거창하게 준비하지 않아도 독서 모임 하나면 문해력 완성이 충분히 가능한 셈이야.

결국 읽고 쓰고 말하고 듣는 문해력 4종 세트는 독서 모임을 통해 완성된다고 해도 과언이 아니라는 거, 어느 정도 알겠지? 무엇보다 이런 결과물들을 하나씩 쌓아가다보면 시간을 많이 할애하지 않고서도 자신의 독서포트폴리오를 정리해볼 수 있다는 거, 잊지 마. 의미 없이 스마트폰만 하는 시간보다 반강제로라도 책을 접하는 시간이 나에게 훨씬 도움이 된다는 것도 잊지 말자고! 지금 '이런 모임 해보면 좋겠다'라는 생각이 든다면 문해력 4종 세트를 완성시킬 마음의 준비가 되었다는 거야. 시작이 반이니까, 이제 교실에서 잉여롭게 살아가는 친구들을 하나둘씩 불러 모아 그저 실천만 하면 되겠지. 학기 중 한 달에 한 권 정도는 독서 모임을 통해 반강제로 독서의 늪에 빠져보자고. 천천히 곱씹어 읽고 머릿속으로 정리한 내용과 느낀 점 등에 대해 서로 수다를 떨며 묻고 답하는 시간, 너도 일단 시작하면 금세 빠져들게 될 거야.

독서 모임에 필요한 발제문 써보기

 나는 학생들과 같은 책을 읽고 독서 모임을 할 때면, 1차 발제문은 내가 일괄적으로 제시하고 2차 발제문은 돌아가면서 만들어 서로 공유하고 이야기를 나누곤 했어. 학생들이 주체적으로 참여하고 다양한 이야기를 함께하는 측면에서는 후자가 훨씬 좋았던 것 같아. 그 당시에 학생들과 만든 발제문을 몇 가지 발췌해서 다음의 표로 만들어보았어. 꼭 이렇게 해야 한다는 것은 아니야. 발제문은 내용에 따라 혹은 인물에 따라 혹은 자신의 경험과 연관해서 자유롭게 작성해도 된다는 점을 보여주는 것이니 부담 갖지 말고 훑어보면 돼.

책 제목	발제문 예시
	1. 현대 사회에서 남녀 차별과 같이 눈에 보이는 차별은 많은 사람들이 인지하고 있고, 그것을 해결하기 위해 많은 노력을 기울이고 있다. 하지만 빈부의 차이, 학력이나 계층의 차이 등 눈에 보이지 않는 차별 문제도 심각하다. 요즘 사회에서 가장 문제가 되는 차별은 어떤 것이라고 생각하는가? 그 이유는?

《앵무새 죽이기》	2. 작품 속 등장인물 중 가장 흥미로운 캐릭터는 누구였으며, 그 이유는?
	3. '스카웃'의 고모는 스카웃에게 여성스럽고, 필치 가문다운 모습으로 살기를 요구한다. 반면 아버지는 스카웃이 자유롭게 생각하고 행동하도록 기른다. 자신의 자아정체성은 자기 본연의 것일까? 아니면 사회적으로 길러지는 것일까?
	4. '애티커스 핀치'의 자녀교육관과 교육 방법이 인상 깊었다. 핀치의 말 가운데 가장 인상 깊은 말은? 핀치의 교육관에 대해 어떻게 생각하나?
《데미안》	1. 이 소설에서 내가 읽은 관점으로 키워드를 하나만 뽑아낸다면? 그 이유는?
	2. '싱클레어'에게 있어서 '피스토리우스'와 '데미안'의 차이점은 무엇이었을까? 피스토리우스는 넘어섰는데 왜 데미안은 그러지 못했을까?
	3. 새가 알에서 나오려고 투쟁하는 것은 무엇을 의미하나?
	4. 주인공이 '베아트리체'를 그렸을 때 데미안과 더 닮게 그린 이유는 무엇일까?
	5. 이 책에 대해 한 줄 평을 한다면?
《선량한 차별주의자》	1. '불굴의 의지로 온갖 관문을 뚫고' 정규직이 된 사람과, '훨씬 적은 노력으로 쉽게' 비정규직이 된 사람을 똑같이 대우할 수 있겠는가? 능력주의는 정말 공정한 규칙일까? 최근 인천공항공사 비정규직 정규직화와 관련하여 능력주의와 공정성에 대해 이야기해보자.
	2. '계층의 사다리가 끊어지고 개천에서 용 날 수 없는 세태'가 된 원인은 무엇이며, 그 해결책에 대해 생각해보자.

	3. 프롤로그를 보면, 이주민에게 하는 '한국인 다 되었네요'라는 말이나 장애인에게 하는 '희망을 가지세요'라는 말은 잘못된 전제를 깔고 선량함을 뒤집어쓴 차별 언행의 예라고 말한다. 이처럼 잘못된 전제를 두고 일상생활에서 무심코 하는 차별 언행이나 이런 차별 언행으로 잘못된 가치를 낳는 예를 생각해보자.
《허구의 삶》	1. 이 소설에서는 '선택'이 주요 키워드로 등장한다. 우리의 인생은 '선택'에 가까울까, '운명'에 가까울까?
	2. 자신의 장례식이 어떤 모습이 되기를 희망하는가? 또 그 희망사항은 이제껏 살아온 삶과 어떤 연관이 있나?
	3. 이 소설이 전하는 메시지는 무엇일지, 가장 좋았던 구절을 예로 들어 이야기해보자.

어때? 생각보다 거창하거나 어려운 것은 아니라는 생각이 들지 않아? 조금만 생각해보면 누구나 만들어낼 수 있는 발제문이잖아. 그런데 모두 같은 책을 읽은 게 아니라면 이런 발제문을 따로 만들 필요는 없어. 각자 다른 책을 읽고 그것에 대해 자유롭게 이야기를 나누면 되거든. 이때에는 그 책을 읽고 난 자신의 생각을 발표하고 책을 소개하는 정도로 끝내도 좋아. 진짜 말 그대로 책에 관해 수다를 떨고 온다고 생각하면 되는 거야.

공부와 지식과 교양을 잇는
사춘기 수업 시리즈

쑥쑥 성장하는 1318들이 반드시 익히고 알아야 하는 지식을 쏙쏙 모아놓은 '생각학교 인문교양 시리즈!' 맞춤법, 문해력, 어휘력, 진로 등 궁금하지만 어디에 물어야 할지 모를 지식과 상식을 학교 공부와 연계하여 흥미진진하게 풀어간다. 고교학점제를 비롯해 토론과 논술에 꼭 필요한 기초 능력을 키워보자!

이 책 한 권이면 흑역사는 끝
사춘기를 위한 맞춤법 수업
권희린 지음 | 13,000원

좋아하는 친구를 위해 멋진 근육을 만들고, 다이어트를 하지만 맞춤법을 틀리면 후광을 잃는다. 이 책은 SNS에서 흑역사를 생성하고 싶지 않은 청소년들의 마음을 짚으며 디지털 세대에게 중요하다는 문해력의 기본인 맞춤법을 익히게 돕는다. 이 책을 통해 청소년들은 맞춤법이야말로 친구들과의 소통을 돕는 중요한 핵심임을 알게 될 것이다.

중2병보다 무서운 무뇌력 탈출기
사춘기를 위한 문해력 수업
권희린 지음 | 14,000원

청소년들과 눈높이를 맞추고 다정하게 고민을 들으며 조언을 건네주는 교사 권희린. 이번에는 문해력을 키울 수 있는 방법을 들고 돌아왔다. 학교에서 만나는 학생들의 문해력 실태를 살펴보면서 문해력 4종 세트인 읽기, 쓰기, 듣기, 말하기 모두를 발전시켜갈 수 있도록 현장에서 사용했던 다양한 노하우를 전한다.

한번 배우면 평생 가는 어휘력 익히기
사춘기를 위한 어휘력 수업(근간)
오승현 지음

고교학점제를 대비한 진로 이해하기
사춘기를 위한 진로 수업(근간)
권희린 지음

생각을 춤추게 하는 동서양 고전 24
사춘기를 위한 관점 수업(근간)
이은애 지음

초판 1쇄 발행 2022년 10월 29일
초판 4쇄 발행 2023년 11월 27일

지은이 | 권희린

발행인 | 박재호
주간 | 김선경
편집팀 | 강혜진, 이복규, 허지희
마케팅팀 | 김용범
총무팀 | 김명숙

디자인 | 방상호
교정교열 | 고아라
종이 | 세종페이퍼
인쇄·제본 | 한영문화사

발행처 | 생각학교
출판신고 | 제25100-2011-000321호
주소 | 서울시 마포구 양화로 156(동교동) LG팰리스 814호
전화 | 02-334-7932 **팩스** | 02-334-7933
전자우편 | 3347932@gmail.com

ⓒ 권희린 2022

ISBN 979-11-91360-48-6 (43700)